- *Blaženstva* -

Čovjek koji stremi istinskom blagoslovu

Dr. Džerok Li

„Blago čovjeku koji se uzda u GOSPODA
i kome je GOSPOD uzdanica.
Jer će biti kao drvo usađeno kraj vode
koje niz potok pušta žile svoje,
I koje se neće plašiti kad dođe pripeka;
Već će mu se listovi zeleniti,
i sušne godine neće se brinuti
niti prestati da rađa rod."

(Jeremija 17:7)

Čovjek koji stremi istinskom blagoslovu dr. Džerok Li
Objavile Urim knjige (Predstavnik: Seongnam Vin)
73, Yeouidaebang-ro 22-gil, Dongjak-gu, Seul, Koreja
www.urimbooks.com

Sva prava su zadržana. Ova knjiga ili njeni pojedini dijelovi ne smiju biti reprodukovani u bilo kojoj formi, ili biti smješteni u bilo kom renta sistemu, ili biti transmitovana bilo kojim načinom, elektronski, mehanički, fotokopiranjem, snimanjem, ili slično, bez prethodnog pismenog ovlašćenja izdavača.

Autorska prava © 2020 od strane dr. Džeroka Lija
ISBN (Međunarodni standardni broj knjige): 979-11-263-0584-1 03230
Prevodilačka Autorska Prava © 2015, dr. Ester K. Čung (Dr. Esther K. Chung). Korišćeno uz dozvolu

Prethodno objavila na korejskom jeziku Urim knjige u 2007.g.

Prvo izdanje, februar 2020.

Uredila dr. Geumsun Vin
Dizajnirao urednički biro Urim Books
Štampa Prione Printing
Za više informacija kontaktirajte na urimbook@hotmail.com

Poruka o objavljivanju

Postoji priča napisana na univerzitetu u Rimu. Student na fakultetu koji je imao nekih finansijskih poteškoća otišao je kod bogatog starog čovjeka da potraži pomoć. Starac ga je upitao gdje će potrošiti novac. Student je ponavljao da je to da bi završio svoje studije.

„A onda?"

„Ja moram da zaradim novac."

„A onda?"

„Oženiću se."

„A onda?"

„Ostariću."

„A onda?"

„Na kraju ću umrijeti."

„A onda?"

„..."

Postoji dobro lekcija u ovoj priči. Da je student bio osoba koja je tražila iskreni blagoslov koji će zauvijek posjedovati, on bi odgovorio: „Otići ću na nebesa," na poslednje starčevo pitanje.

Generalno, u ovom društvu ljudi misle da su stvari koje imaju kao što su bogatstvo, zdravlje, slava, vlast i mir u porodici blagoslovi. Oni se bore da imaju ove stvari. Ali ako pogledamo unaokolo, mi možemo da naiđemo na malo njih koji uživaju u ovim blagoslovima.

Neke porodice su možda bogate, ali mnogi od nih imaju probleme ili nevolje u odnosima između roditelja, djece ili srodnika. Čak i zdrav čovjek može izgubiti život u jednom momentu zbog nesreće ili bolesti.

U aprilu 1912. godine na hiljade ljudi je mirno putovalo u luksuznom kruzeru koji je imao tragičnu nesreću. „Titanik," sa 2300 ukrcanih ljudi, sudario se sa ledenom santom i potonuo na svom prvom putovanju. Bio je to najveći kruzer na svijetu koji je uzdizao sebe nad drugima svojom moćnošću i luksuzom, ali niko nije znao šta će se dogoditi za samo nekoliko sati.

Niko ne može sa sigurnošću da govori o sutra. Čak iako neko možda uživa u bogatstvu, slavi i vlasti na ovoj zemlji cijelog svog života, on ne može da bude blagosloven čovjek ako padne u pakao i zauvijek pati. Prema tome, pravi blagoslov je primanje spasenja i ulazak u nebesko kraljevstvo.

Prije oko 2000. godina, Isus je počeo Njegovo javno službovanje sa porukom: „*Pokaj se, jer kraljevstvo Božje je blizu!*" (Jevanđelje po Mateju 4:17). Prva poruka koja je pratila ovo prorokovanje je bilo „Blaženstvo," sa kojom su oni mogli da dostignu nebesko kraljevstvo. Ljude koji će uskoro nestati kao magla, Isus je učio o vječnom blagoslovu, naime pravom blagoslovu za ulazak u nebesko kraljevstvo. On ih je takođe učio da postanu svjetlost i so zemlje, da ispunjavaju Zakon sa ljubavlju i da ispune Blaženstvo. Ovo je zapisano iz jevanđelja po Mateju od poglavlja 5 do poglavlja 7. Ovo je nazvano „Besjeda na gori."

Izričito, zajedno sa Duhovnom ljubavi u 1. Poslanici Korinćanima poglavlje 13 i sa Plodovima Duha u Poslanici Galaćanima poglavlje 5, Blaženstvo nam govori put da postanemo čovjek od duha.

Oni su putokazi za nas da bi mogli sebe da provjerimo i osnovni sadržaj za nas da postanemo posvećeni i uđemo u Novi Jerusalim koji udomljava Božji prijesto i koji je veličanstveno mjesto boravka na nebesima.

Ova knjiga *Čovjek koji stremi istinskom blagoslovu* je pregled besjedi o Blaženstvu koji sam ja iznio u crkvi nekoliko puta.

Ako mi ispunimo riječi u Blaženstvu, mi nećemo samo uživati u svim blagoslovima na ovoj zemlji kao što su bogatstvo, zdravlje, slava, vlast i mir u porodici, već ćemo takođe i posjedovati Novi Jerusalim među mnogim nebeskim mjestima boravka. Blagoslov dat od Boga ne može biti uzdrman u bilo kojim nevoljama. Ako mi samo ispunimo Blaženstvo mi nećemo imati nikakve nedostatke.

Ja se molim da, kroz ovu knjigu, će se mnogi ljudi promjeniti u ljude od duha koji teže ka iskrenom blagoslovu i da će dobiti sve blagoslove pripremljene od strane Boga. Ja se zahvaljujem Geumsun Vin, direktorki izdavačkog biroa i radnicima.

Dr. Džerok Li (Jaerock Lee)

Sadržaj

Poruka o objavljivanju

Poglavlje 1 : Prvi blagoslov

Blago siromašnima duhom,
jer je njihovo carstvo nebesko   1

Poglavlje 2 : Drugi blagoslov

Blago onima koji plaču,
jer će se utješiti   19

Poglavlje 3 : Treći blagoslov

Blagosloveni su krotki,
jer će naslijediti zemlju   35

Poglavlje 4 : Četvrti blagoslov

Blago gladnima i žednima pravde,
jer će se nasititi   53

Poglavlje 5 : Peti blagoslov

**Blago milostivima,
jer će biti pomilovani**   67

Poglavlje 6 : Šesti blagoslov

**Blago onima koji su čistog srca,
jer će Boga vidjeti**   87

Poglavlje 7 : Sedmi blagoslov

**Blago onima koji mir grade,
jer će se sinovi Božji nazvati**   103

Poglavlje 8 : Osmi blagoslov

**Blago prognanima pravde radi,
jer je njihovo carstvo nebesko**   123

Poglavlje 1
Prvi blagoslov

Blago siromašnima duhom,
jer je njihovo carstvo nebesko

Jevanđelje po Mateju 5:3

*„Blago siromašnima duhom,
jer je njihovo carstvo nebesko."*

Osuđenik na smrt u Američkom zatvoru je plakao kada je držao novine u svojim rukama. Naslov je bio o inauguraciji dvadeset drugog predsjednika Sjedinjenih Američkih Država, Stiven Gruvera Klivlend (Stephen Grover Cleveland). Tamničar koji ga je gledao upitao ga je zašto je tako gorko plakao. On je počeo da objašnjava pognute glave.

On je nastavio govoreći: „Stiven i ja smo sa istog fakulteta. Jednog dana, nakon što smo završili sa svojim predavanjima, mi smo čuli zvuk crkvenih zvona. Stiven je navaljivao da pođem sa njim u crkvu, ali ja sam odbio. On se uputio ka crkvi a ja ka baru. To je načinilo naše živote tako različitim."

Trenutni izbor promjenio je cio život ovom čovjeku. Ali, ovo se ne tiče samo života na zemlji. Naš vječni život takođe može da se promjeni zbog izbora koje pravimo.

Oni pozvani na nebeski banket

U Jevanđelju po Luki u poglavlju 14, jedan čovjek spremio je veliku vječernju gozbu i pozvao je mnogo ljudi. On je poslao svoje sluge da sprovedu zvanice ali sve sluge su se vratile same. Pozvani su imali mnogo razloga ali svi oni su bili previše zauzeti da bi došli.

„Kupio sam parče zemlje i moram da idem da ga pogledam. Hvala ti na pozivu, ali nažalost, ja ne mogu da dođem."

„Kupio sam pet jarmova za volove i idem da ih isprobam. Jako mi je žao ali neću moći da dođem."

„Ja znam da ćeš razumijeti da sam skoro oženio ženu i iz tog razloga neću moći da dođem."

Domaćin večere poslao je svoje sluge opet u selo da dovedu siromašne, slijepe i hrome sa ulice da bi podjelio gozbu. U ovoj paraboli Isus upoređuje one koji su dobili pozivnice sa onima kome je bio ponuđen poziv da prisustvuju nebeskom banketu. Danas, oni koji su bogati duhom odbijaju da prihvate jevanđelje. Oni imaju mnogo izgovora što nisu prisustvovali dok oni koji su siromašni duhom brzo prihvataju poziv. Zbog toga prva kapija za prolazak do pravog blagoslova je postajanje osobe koja je siromašna duhom.

Siromašni duhom

Biti „siromašan duhom" je imati siromašno srce. To je imati srce koje nema arogancije, ponosa, sebičnosti, osobenih želja ili zla. Prema tome, oni koji su „siromašni duhom" lako prihvataju jevanđelje. Nakon prihvatanja Isusa Hrista, oni žude za nebeskim stvarima. Oni su takođe i u mogućnosti da se lako promjene uz pomoć Božju.

Neka žena je rekla: „Moj muž je zaista dobar čovjek, ali on ne želi da prihvati jevanđelje." Ljudi nekoga smatraju „dobrim" ako on ne čini u spoljašnosti djela koja su zla. Ali čak iako je neko dobar, ako on ne prihvati jevanđelje zato što je njegovo srce bogato, kako mi možemo da kažemo da je on zaista dobar?

U Jevanđelju po Mateju u poglavlju 19, jedan mladi čovjek je došao kod Isusa i pitao ga koje dobre stvari treba da učini da bi stekao vječni život. Isus mu je rekao da održava sve zapovijesti Božje. Zatim pored toga, On mu je rekao da proda svu svoju imovinu, da da siromašnima a zatim da Njega prati. Mladi čovjek je mislio da je Boga veoma mnogo volio i da je održavao Njegove zapovjesti veoma dobro. Ali on je otišao u žalosti. To je bilo zato što je bio bogat i smatrao je svoje bogatstvo mnogo vrednijim od sticanja vječnog života. Vidjevši ga Isus je rekao: „*Lakše je kamili proći kroz iglene uši nego li bogatome ući u carstvo Božje*" (stih 24).

Ovdje, biti bogat ne znači samo imati imovinu i veliko bogatstvo. To znači biti bogat duhom. Ljudi koji su bogati duhom možda po spoljašnosti neće uraditi nešto veoma zlobno, ali imaju jake tjelesne svjetovne želje. Oni uživaju u novcu, vlasti, znanju, ponosu, rekreativnim aktivnostima, zabavi i drugim zadovoljstvima. Zbog toga oni ne osjećaju potrebu za jevanđeljem i oni ne traže Boga.

Blagoslov bogatstva za one koji su siromašni duhom

U Jevanđelju po Luki u poglavlju 16, bogat čovjek je sam uživaoi svakoga dana je pravio zabave. On je bio toliko bogat da je i njegovo srce bilo bogato; on nije osjećao potrebu da vjeruje u Boga. Ali prosjak Lazar je patio zbog bolesti i morao je da moli na kapiji kuće bogatog čovjeka. Zato što je bio siromašan duhom on je tražio Boga.

Koji je bio rezultat kada su oni umrli? Lazar je bio spašen i mogao je da se odmara u zagrljaju Avrama, ali bogat čovjek pao je u Hadi došao je do toga da pati zauvijek.

Plameni su bili toliko vreli da je on rekao: *„Oče Avraame, smiluj se na me i pošlji mi Lazara neka umoči u vodu vrh od prsta svog, i da mi rashladi jezik"* (stih 24). On nije mogao da pobjegne od bola čak ni na trenutak.

Onda, kakva vrsta osobe je blagosloven čovjek? To nije čovjek koji ima mnogo imovine i vlast i koji uživa u svom životu na ovoj zemlji kao bogati čovjek. Čak iako je njegov život ponizan, pravi je blagoslov prihvatanje Isusa Hrista i ulazak u nebesko kraljevstvo kao Lazar. Kako mi možemo da uporedimo život na ovoj zemlji koji je samo sedamdeset ili osamdeset godina, sa vječnim životom?

Ova parabola nam govori da nije važna stvar da li smo ili ne bogati na ovoj zemlji, već da budemo siromašni duhom i da vjerujemo u Boga.

Međutim to ne znači da osoba koja je siromašna u duhu i koja je prihvatila Isusa Hrista mora da živi siromašnim životom i da pati od bolesti kao Lazar da bi bila spašena. Umjesto toga, zato što nas je Isus iskupio od naših grkjehova i živio je Sam u siromaštvu, kada smo mi siromašni duhom i kada živimo po riječi Božjoj, mi možemo da budemo bogati (2. Poslanica Korinćanima 8:9).

3. Jovanova Poslanica 1:2 govori: „*Ljubazni! Molim se Bogu da ti u svemu bude dobro, i da budeš zdrav, kao što je tvojoj duši dobro.*" Kako naša duša napreduje, mi ćemo biti duhovno zdravi i fizički i moći ćemo da dobijemo blagoslove finansijski, mir u porodici i tako dalje.

Čak iako smo prihvatili Isusa Hrista i počeli da uživamo u blagoslovu bogatstva, mi moramo da održimo našu vjeru u Hristu sve do kraja da bi u potpunosti posjedovali nebesko kraljevstvo. Ako mi skrenemo sa puta spasenje dok volimo svijet, naša imena mogu biti izbrisana iz knjige života (Psalmi 69:28).

Ovo je kao trka na maratonu. Kada maratonac koji prvi trči skrene sa kursa pred samog kraja, on ne može da dobije nikakvu nagradu a da ne spominjemo zlatnu medalju.

Naime, čak iako vodimo revnosan život u Hristu upravo sada, ako mi postanemo bogati u srcu opet u vremenu kada nas mami novac i svjetovna zadovoljstva, naša revnost će se ohladiti. Mi ćemo se možda i čak udaljiti od Boga. Ako to učinimo, onda mi nećemo moći da dostignemo nebesko kraljevstvo.

Zbog toga u 1. Jovanovoj Poslanici 2:15-16 čitamo:

Ne ljubite svet ni što je na svijetu. Ako ko ljubi svijet, nema ljubavi Očeve u njemu. Jer sve što je na svijetu, požuda mesa i požuda očiju, i ponos života, nije od Oca, nego je od ovog svijeta.

Odbaciti požudu mesa

Požuda mesa su misli neistine koje rastu u srcu. One su narav koja želi da počini grijehove. Ako mi imamo mržnju, ljutnju, želje, gnjev, preljubničke misli i aroganciju u našem srcu, mi ćemo željeti da vidimo, čujemo, mislimo i činimo prateći ovu narav.

Na primjer, ako osoba ima narav da sudi i optužuje druge, oni će imati želju da čuju glasine o drugima. Onda, čak i bez provjeravanja da bi otkrili i saznali istinu, oni šire ove stvari drugima i ogovaraju ih i osjećaju se dobro ili osjećaju zadovoljstvo dok to rade.

Takođe, ako neko ima ljutnju u srcu, on će se ljutiti čak i u najmanjim stvarima. On će se osjećati dobro samo kada izlije svoj bijes. Ako on pokušava da zadrži bijes koji raste, to će za njega biti bolno, tako da on ne može da a da ne izliva bijes.

Kako bi odbacili ovu požudu mesa, mi moramo da se molimo. Mi svakako možemo da ih odbacimo ako primimo ispunjenje Duhom kroz revnosne molitve. Suprotno tome, ako mi prestanemo da se molimo ili izgubimo ispunjenost Duhom, mi dajemo Sotoni priliku u pobudi požude mesa. Kao rezultat, mi ćemo možda počiniti grijehove u djelima.

1. Petrova Poslanica 5:8 kaže: „Budite treznog duha i budite na oprezu. Jer suparnik vaš, đavo, kao lav ričući hodi i traži

koga da prožedere." Kroz molitvu, mi uvijek moramo da budemo budni da bi dobili ispunjenje Svetog Duha. Kroz revnosne molitve mi možemo da postanemo siromašni duhom u odbacivanju požude mesa, što je grešna narav.

Odbaciti požudu očiju

Požuda očiju je grešna narav koja se pokreće kada mi vidimo ili čujemo nešto. Ona nas pokreće da želimo i pratimo ono što je viđeno ili što smo čuli. Kada mi vidimo nešto, ako to prihvatimo zajedno sa osjećanjima, kada vidimo neku sličnu stvar kasnije, to će podstaći slična osjećanja. Čak i kada ne vidimo, samo kada čujemo nešto slično, slična osjećanja će izrasti, uzrokovaće požudu očiju.

Ako mi to ne odbacimo već prihvatamo stalno ovu požudu očiju, to će pokrenuti požudu mesa. I opet to će nas na kraju dovesti do toga da počinimo grijehove u djelima. David, koji je čovjek po Božjem srcu, takođe je počinio grijeh zbog požude očiju.

Jednog dana, nakon što je David postao kralj nacije počeo je da ima neku stabilnost, David je bio na krovu i slučajno je ugledao Vitsavu, ženu Urija, kako se kupa. On je bio u iskušenju, uzeo je i spavao sa njom.

U to vrijeme, njen muž je bio na bojnom polju, borio se za zemlju. Kasnije, David je saznao da je Vitsava trudna. Kako bi prekrio svoje pogrešno djelo, on je pozvao Urija sa bojnog polja i naredio mu da spava kod kuće.

Ali s obzirom na svoje saborce koji su se i dalje borili, on je samo spavao na vratima kraljevog dvora. Kada se stvari nisu odvijale kako je on to želeo, David je poslao Urija u prve borbene redove da bi poginuo. David je mislio da voli Boga više od bolo koga drugoga. Ipak, kako je požuda očiju došla nad njim, on je počinio zlo spavajući sa ženom drugog čovjeka. Šta više, da bi to prikrio, on je počinio veće zlo ubistva.

Kasnije, kao odmazda, on je prošao kroz veliko iskušenje. Sin Vitsave je umro i on je pobjegao od pobune njegovog sina, Avesaloma. On je čak morao da čuje kletve od niže osobe. Kroz ovo, David je mogao da razumije oblik zla u svom srcu i u potpunosti se pokaje pred Bogom. Na kraju, on je postao kralj koji je bio mnogo korišćen od strane Boga.

Ovih dana, neki mladi ljudi uživaju u odraslim stvarima u filmovima ili na internetu. Ali oni ne bi trebali to tako olako da prihvataju. Ova vrsta požude očiju je kao paljenje osigurača požude mesa.

Hajde da to uporedimo sa ratovanjem. Pretpostavimo da je požuda mesa predstavljena od strane vojnika koji se bore u utvrđenom gradu. Onda je požuda očiju kao pojačanje ili vojna oprema ovim vojnicima unutar zidina grada. Ako oni imaju stalnu dostavu, oni će imati veću snagu za borbu. Ako je požuda mesa ojačana mi ne možemo da pobjedimo protiv nje.

Prema tome, pošto je moguće da sopstvenom voljom odbacimo požudu očiju, mi ne treba da vidimo, čujemo ili mislimo na ništa što nije istina. Šta više, kada mi vidimo, čujemo i mislimo samo istinom i imamo samo dobra osjećanja, mi možemo da odbacimo u potpunosti požudu očiju.

Odbaciti ponos ovog života

Ponos ovog života je narav koja hvali nas same. To je prepuštanje fizičkim zadovoljstvima kako bi zadovoljili požudu mesa i požudu očiju i razmetali se u dostignućima pred drugima. Ako mi imamo ovu vrstu naravi, mi ćemo se hvaliti o bogatstvu, poštovanju, znanju, talentima, pojavom i tako dalje da bi otkrili sebe i zadobili pažnju drugih.

Jakovljeva Poslanica 4:16 kaže: *„A sad se hvalite svojim ponosom. Svaka je hvala takva zla."* Hvalisanje nam ne donosi nikakvu korist. Prema tome, kao što je rečeno u 1. Poslanici Korinćanima 1:31: *„Ko se hvali, Gospodom da se hvali,"* mi treba da se hvalimo samo Gospodom da bi dali slavu Bogu.

Hvalisanje u Gospodu je hvaliti se Bogom koji nama daje odgovore, koji daje blagoslove i milost i na nebesko kraljevstvo. To je davanje slave Bogu i usađivanje vjere i nade u slušaoce kako bi oni mogli da žude za duhovnim stvarima.

Ali neki ljudi kažu da se hvale u Gospodu ali na način na koji oni žele da budu uzdignuti. U ovom slučaju, to ne može da promjeni druge. Prema tome, mi treba da pogledamo na sebe u svemu kako ponos ovog života ne bi mogao da dođe do nas (Poslanica Rimljanima 15:2).

Postanite dijete duhovno

Postojalo je malo dijete u malom gradu u Sjedinjenom Državama. Zato što je učionica njegove nedeljne škole bila veoma mala, on je počeo da se moli Bogu da im da veću učionicu. Čak i posle nekoliko dana, nije postojao odgovor, a onda je on počeo da svakodnevno piše pisma Bogu.

Međutim, čak i prije nego što je napunio deset godina, umro je. Kako je njegova majka brinula o njegovim stvarima, ona je pronašla debeli svežanj pisama koje je on pisao Bogu. Ona je to pokazala pastoru i bila je duboko dirnuta. On je o tome govorio na službi.

Ova vijest se proširila na mnoga mjesta i ponude su počele da pristižu sa svih strana i uskoro bilo je više i nego dovoljno da se izgradi nova crkva. Kasnije, osnovna i srednja škola su zasnovane pod njegovim imenom i poslije toga čak i fakultet. To je bio rezultat nevine vjere mladog djeteta koje je vjerovalo da je Bog Jedan koji će dati ono što tražimo.

U Jevanđelju po Mateju u poglavlju 18, učenici su pitali Isusa ko je najveći u nebeskom kraljevstvu. Isus je odgovorio: „*Zaista vam kažem, ako se ne povratite i ne budete kao djeca, nećete ući u carstvo nebesko"* (stih 3). Pred Bogom, bez obzira na godine, mi svi moramo da imamo srce dece. Djeca su nevina i čista, tako da ona prihvataju sve kao što su učena. Slično tome, samo kada mi vjerujemo i povinujemo se riječi Božjoj kako je čujemo i učimo je, mi možemo da uđemo u nebesko kraljevstvo.

Na primjer, Božja riječ govori: „Moli se stalno," i mi bi trebali da se stalno molimo bez ikakvih izgovora. Bog nam govori da se uvijek radujemo, tako da mi se uvijek radujemo bez razmišljanja: „Kako je mogu da se radujem kada imam toliko tužnih stvari u životu?" Bog nam govori da ne mrzimo i mi pokušavamo da volimo čak i naše neprijatelje bez ikakvih izgovora.

Slično tome, ako mi imamo srce djeteta, mi ćemo se brzo pokajati u onome šta smo učinili pogrešno i pokušaćemo da živimo po riječi Božjoj.

Ali ako je osoba umrljana svijetom i ako izgubi svoju nevinost, on će biti umrtvljen čak i kada počini grijehove. On će osuđivati i optuživati druge, širiće greške drugih ljudi i njihove mane, govoriće male i velike laži, ali neće čak ni razaznati da čini zle stvari.

On će popreko gledati druge, pokušaće da navede druge da mu služe i ako ništa nije njemu od koristi, on će samo zaboraviti na milost koja mu je jednom data. Ali on neće čak ni imati grižu savjesti. Zato što ima veći želju da žudi za svojim potrebama, on će raditi na taj način samo da to ostvari.

Ali istina je, ako mi postanemo duhovno dijete, mi ćemo osjetljivo reagovati na dobro i zlo. Ako mi vidimo nešto dobro, mi ćemo biti dirnuti lako i prolićemo suze i mi ćemo mrzeti i gnušati onoga što je zlo.

Čak iako ljudi na zemlji govore da to nije zlo, ako Bog kaže da to jeste zlo, mi ćemo to mrzeti iz dubine našeg srca i pokušaćemo da ne počinimo nikakav grijeh.

Takođe, dijete nije arogantno, tako da ono ne insistira na sopstvenom mišljenju. On samo prihvata šta ga ljudi uče. Slično tome, duhovno dijete ne insistira na svojoj aroganciji niti pokušava sebe da uzdigne. Pisari i Fariseji za vrijeme Isusa osuđivali su i optuživali druge govoreći da su oni znali istinu, ali duhovno dijete neće učiniti takvu stvar. Ono će samo ponizno i nježno raditi kao naš Gospod.

Tako da, duhovno dijete ne insistira na tome da je ono u pravu kada ono sluša riječi Božje. Čak iako postoji nešto što nije u saglasnosti sa njegovim znanjem ili nešto što ono ne razumije, ono neće suditi ili pogriješno razumijeti, već će najprije vjerovati i povinovati se. Kada ono čuje o djelima Božjim, ono neće pokazati nikakav ponos ili arogantnost već će žuditi da iskusi istu vrstu djela takođe i sam.

Ako mi postanemo duhovno dijete, mi ćemo vjerovati i povinovati se riječi Božjoj kakva jeste. Ako mi pronađemo bilo koji grijeh u skladu sa riječju, mi ćemo pokušati da promjenimo sebe.

Ali u nekim slučajevima, oni vode hrišćanski život veoma dugo vremena i oni samo skladište riječ Božju kao znanje i njihovo srce postaje kao ono kod starijih osoba. Kada su prvo dobili Božju milost, oni su se pokajali i postili su da bi odbacili svoje grijehove koje su pronašli, ali kasnije su postali umrtvljeni. Kada slušaju riječ, oni misle: „Ja ovo znam." Ili, oni se povinuju stvarima koje su njima od koristi ili stvarima sa kojima mogu da se slože. Oni osuđuju i optužuju druge sa riječju koju poznaju. Prema tome, da bi postali siromašni duhom, mi uvijek treba da pronađemo zlo u nama kroz riječ, odbacimo ga kroz revnosne molitve i postanemo duhovna djeca. Samo onda mi ćemo moći da uživamo u svim blagoslovima koje je Bog za nas pripremio.

Blagoslov da posjedujemo vječno nebesko kraljevstvo

Konkretno onda, koje vrste blagoslova će oni koji su siromašni duhom dobiti? Jevanđelje po Mateju 5:3 kaže: „*Blago siromašnima duhom, jer je njihovo carstvo nebesko,*" kao što je rečeno, oni će dobiti pravi i vječni blagoslov, naime kraljevstvo nebesko.

Nebesko kraljevstvo je tamo gdje će Božja djeca boraviti. To je duhovno mjesto koje ne može da se uporedi sa ovom zemljom. Baš kao što roditelji čekaju da se njihova beba rodi i pripremaju sve stvari kao što su igračke i dječija kolica, Bog priprema nebesko kraljevstvo za one koji su siromašni duhom, otvaraju svoja srca i prihvataju jevanđelje da bi postali Njegova djeca.

Kao što je Isus rekao u Jevanđelju po Jovanu 14:2: „*Mnogi su stanovi u kući Oca Mog,*" postoje mnogo mjesta boravka u nebeskom kraljevstvu. U skladu sa tim koliko mnogo volimo Boga i živimo po Njegovoj riječi da bi zadržali našu vjeru, mjesta boravka na nebesima će se razlikovati.

Ako je neko siromašan duhom i samo ostaje na nivou prihvatanja Isusa Hrista i dobijanju spasenja, on će ući u Raj da bi tamo živio zauvijek. Ali ako neko nastavlja sa svojim životom u Hristu i sebe mijenja sa riječju Božjom, onda Prvo, Drugo i Treće kraljevstvo nebesa će biti dato. Šta više, on koji je ispunio posvećenost u srcu i koji je bio vjeran cijeloj Božjoj kući, dobiće najljepše mjesto boravka, Novi Jerusalim, da bi uživao u vječnim blagoslovima.

Molim vas da razmotrite knjige *Raj I* i *Raj II* o mjestima boravka i srećni život u nebeskom kraljevstvu. Ovdje, dozvolite mi da vam malo predstavim život u Novom Jerusalimu.

U gradu Novi jerusalim, gdje svjetlost Božje slave sija, zvuk hvalospjeva anđela se tiho čuje. Zlatni put vodi među zgradama koje su napravljene sa zlatnim i dragim kamenjima koji odaju prelijepu svjetlost. Savršeno uređena zelena polja, travnjaci, drveće i prelijepo cvijeće su uredno pomiješani.

Rijeka vode života, koja je čista kao kristal, polako protiče. Fin zlatan pijesak leži na obalama rijeke. Na zlatnim klupama su smještene korpe koje sadrže voće sa drveta života. U daljini se vidi more koje je kao staklo. Na moru, postoji raskošan putnički brod koj je napravljen od mnogo vrsta dragulja.

Ljudi koji ulaze na ovakvo mjesto služe brojni anđeli koji

uživaju u vlasti kralja. Oni mogu da lete po nebu jašući oblak u obliku automobila. Oni uvijek vide Gospoda u neposrednoj blizini i uživaju u nebeskim banketima sa poznatim prorocima. Pored toga, u Novom Jerusalimu postoje nebrojane i vrijedne stvari koje ne možemo da vidimo na ovoj zemlji. Svaki ugao je scenario koji oduševljava čula.

Prema tome, mi ne treba da ostanemo na nivou gdje jedva dobijamo spasenje, već treba da budemo mnogo siromašni duhom i promjenimo sebe u potpunosti sa riječju, kako bi mogli da uđemo u Novi Jerusalim, najljepše mjesto boravka na nebesima.

Blizina Boga je naš blagoslov

Kada mi postanemo siromašni duhom, mi nećemo samo sresti Boga i dobiti spasenje, već ćemo takođe i dobiti vlast kao dijete Božje i druge blagoslove. Dozvolite mi da vam predstavim svjedočenje starješine iz crkve. On je patio od „bolesti zagađenja" ili slično nazvanoj „opasnost od javnog zagađenja," ali je dobio blagoslov da postane siromašan duhom.

Prije oko deset godina ranije, on je morao da ode na privremeni odmor na poslu zbog bolesti. Mnogo puta je imao potrebu da okonča svoj život zbog ozbiljnog osjećaja bespomoćnosti. Pošto on nije mogao da vidi nikakvo svjetlo nade i pošto je znao da ne može ništa da uradi sam, on je bio siromašan duhom. U međuvremenu, on je otišao u knjižaru i slučajno, jedna knjiga mu je zapala za oko. Bilo je to *Probanje vječnog života prije smrti.* To je knjiga o mom svjedočenju i sjećanjima. Ja sam bio ateista i lutao sam na pragu smrti zbog sedmogodišnjeg perioda bolesti jer nisam mogao da budem izliječen ni jednom ljudskom metodom. Ali Bog je došao do mene i sreo me. Čovjek je osjetio da je njegov život sličan mome i on je kupio knjigu da osjećajem kao da ga privlači neka vrsta sile. On je pročitao preko noći i prolio je mnogo suza. On je bio siguran da takođe može da bude iscijeljen i registrovao se u našoj crkvi.

Od tada, on je bio iscijeljen od svoje posebne bolesti uz moć Božju i mogao je da se vrati na posao. On je bio pohvaljen od obe strane i njegovih kolega i njegovih pretpostavljenih. On je dobio blagoslov u njegovom unapređenju. Šta više, on je evangelizovao više od sedamdeset ljudi među svojom rodbinom. Koliko će velika njegova nebeska nagrada biti!

Psalmi 73:28 govore: „*A meni je dobro biti blizu Boga; na GOSPODA polažem nadanje svoje i kazivaću sva čudesa Tvoja.*"

Ako smo uzeli prvi blagoslov među Blaženstvima što smo blizu Boga, mi ćemo moći da postanemo još duhovnija djeca, volećemo strastveno Boga i propovjedaćemo jevanđelje onima koji su siromašnog duha. Ja se nadam da ćete vi u potpunosti posjedovati Blaženstvo koje je Bog ljubavi i blagoslove pripremio za vas.

Poglavlje 2
Drugi blagoslov

Blago onima koji plaču, jer će se utješiti

Jevanđelje po Mateju 5:4

*Blago onima koji plaču,
jer će se utješiti.*

Postojala su dvojica prijatelja koja su se međusobno mnogo voljeli. Oni su brinuli i voljeli jedan drugoga toliko mnogo da su mogli čak i da žrtvuju svoje živote da bi spasili jedan drugoga. Ali jednog dana, jedan od njih je poginuo u bitci. Jedan koji je ostao je žalio sve do večeri, nedostajao mu je prijatelj koji je otišao.

„Žao mi je za tobom, brate Jonatane; bio si mi mio vrlo. Veća mi je bila ljubav tvoja od ljubavi ženske."

Ovaj čovjek je uzeo sina svoga prijatelja i brinuo se o njemu kao za sopstvenog sina. Ovo je priča o Davidu i Jonatanu, objašnjena u 2. Samuilovoj Poslanici u poglavlju 1.

Dok mi živimo na ovoj zemlji, mi se suočavamo sa stvarima kao što je smrt onih voljenih, bolova zbog bolesti, problemima u životu, finansijskim problemima i tako dalje. Nije pretjerano reći da je život nastavak tuge.

Tjelesni plač, ne volja Boga

U ljudskoj istoriji, mi nailazimo na ratove, terorizam, glad i druge nesreće koje se događaju na nacionalnom nivou. Takođe, postoje mnogo tužne stvari i problemi koji se događaju u pojedinačnom nivou.

Neki su u tuzi zbog finansijskih problema a neki drugi pate zbog bolova u bolesti. Neki imaju slomljena srca jer se njihovi planovi nisu ostvarili a drugi liju gorke suze jer su prevareni od strane svojih voljenih.

Ova vrsta plača uzrokovana tužnim događanjima je tjelesni plač. On potiče od nečijih zlih emocija. To nije nikada volja Božja. Ova vrsta tjelesnog plača ne može biti utješena od Boga. Umjesto toga, Biblija nam govori da je Božja volja za nas da se uvijek radujemo (1. Poslanica Solunjanima 5:16). Takođe, Bog nam govori u Poslanici Filipljanima 4:4: „*Radujte se svagda u Gospodu; i opet velim: radujte se!*" Mnogi stihovi iz Biblije nam govore da se radujemo.

Neki se će se možda zapitati misleći: „Ja ću se radovati kada budem imao nešto za šta da se radujem, ali dok patim zbog toliko mnogo problema, bolova i nevolja, kako mogu da se radujem?"

Ali mi možemo da se radujemo i dajemo zahvalnost zato što smo već postali Božja djeca koja su spašena i što smo dobili obećanje o nebeskom kraljevstvu. Takođe, kao Božja djeca, kada tražimo, On će čuti i riješiti naše probleme. Zato što vjerujemo u ovu činjenicu, mi možemo svakako da se radujemo i dajemo zahvalnost.

To je priča svještenika dr. Miong-ho Čeonga (Myong-ho Cheong) koji je misionar u Africi iz naše crkve, propovjedao je jevanđelje na mnogim službama u pedeset i četiri Afričkih zemalja. Oko deset godina ranije, on je dao otkaz kao profesor na fakultetu i otišao je u Afriku zbog misionarskih djela. Uskoro, njegov jedini sin je umro.

Mnogi članovi crkve su ga tješili, ali on je samo davao

zahvalnost Bogu i umjesto toga tješio je članove crkve. On je bio zahvalan zato što je Bog uzeo njegovo sina u nebeskom kraljevstvu gdje nema suza, tuge, bola ili bolesti i zato što je imao nadu da opet vidi sina na nebesima, zbog toga je mogao da se raduje.

Slično tome, ako mi imamo vjeru, mi nećemo imati tjelesni plač zato što nismo mogli da prevaziđemo naše tužne emocije zbog nekih tužnih stvari. Mi ćemo moći da se radujemo u bilo kojoj situaciji.

Ako se mi susretnemo sa određenim problemom, ako dajemo zahvalnost i molimo se sa vjerom, Bog će da čini dok vidi našu vjeru. On će raditi za dobro u svemu i zbog toga pravoj djeci Božjoj, fizički dužne situacije neće biti važne.

Bog želi duhovni plač

Ono što Bog želi nije tjelesni plač već duhovni plač. Jevanđelje po Mateju 5:4 govori: *"Blago onima koji plaču,"* a ovdje „plač" znači duhovni plač za kraljevstvom i Božjom pravednosti. Onda, koje vrste duhovnog plača su ovde?

Prvo, postoji plač pokajanja.

Kada mi vjerujemo u Isusa Hrista i prihvatimo Njega kao našeg Spasitelja, mi shvatamo iz srca uz pomoć Svetog Duha, da je On umro na krstu zbog naših grijehova. Kada mi osjetimo ovu ljubav Isusa, mi ćemo imati plač pokajanja, pokajaćemo se od naših grijehova sa suzama i slinavljenjem.

Pokajanje je okretanje od življenja u grijehovima kada nismo znali Boga i živjeti po riječi Božjoj. Kada mi imamo plač pokajanja, teret naših grijehova će biti oduzet i mo ćemo moći da iskusimo tu radost koja se preliva iz naših srca.

Već je prošlo više od 30 godina ali ja se ipak i dalje sjećam prve službe preporoda kojoj sam prisustvovao nakon što sam sreo Boga. Tamo, imao sam mnogo plača pokajanja sa suzama i slinavim nosem, slušajući riječ Božju.

Čak i prije nego što sam sreo Boga, bio sam ponosan na sebe što sam živio u pravednosti i dobrim životom. Ali slušajući riječ Božju, gledajući na svoj prošli život, ja sam naišao na to da su postojale mnoge neistinite stvari. Kada sam kidao svoje srce u pokajanju, moje tijelo se osjećalo toliko lako i osvježeno kao da je lebdjelo. Ja sam stekao uvjerenje da ja mogu da živim po riječi Božjoj. Od tog vremena pa nadalje ja sam prestao sa pićem i pušenjem i počeo sam da čitam Bibliju i prisustvujem službenim molitvama u zoru.

Čak nakon dobijanja ove milosti što imamo plač pokajanja, mi ćemo možda imati i druge stvari za kojima bi plakali u našem hrišćanskom životu. Jednom kada postanemo dijete Božje, mi treba da odbacimo grijehove i da živimo svetim životom u skladu sa riječju Božjom. Ali sve dok ne dostignemo rast u mjeri vjere, mi još nismo savršeni i možda ćemo počiniti grijehove.

U ovoj situaciji, ako volimo Boga, mi ćemo se osjećati žalosno pred Bogom i pokajaćemo se iskreno kroz molitve: „Bože, pomozi mi kako se ova vrsta stvari više ne bi ponovila. Bože daj mi snage da praktikujem Tvoju riječ." Kada mi imamo ovu vrstu plača, snaga da odbacimo grijehove će doći od gore. Prema tome, koliko veliki blagoslov je plakati!

Neki vjernici uzastopno čine iste grijehove i kaju se opet i opet. To je slučaj kada je promjena veoma spora ili gdje nema uopšte promjena. To je zato što se oni ne pokaju zaista iz dubine njihovog srca, iako oni možda govore da su plakali u pokajanju.

Pretpostavimo da se mlada osoba druži sa lošim prijateljima i da čini veoma loše stvari. On traži oproštaj od svojih roditelja ali nastavlja da radi iste stvari. Onda, to nije iskreno pokajanje. On mora da se okrene, da prestane da se druži sa lošim prijateljima i da naporno uči. Samo onda to može da se smatra iskrenim pokajanjem.

Slično tome, mi ne treba da činimo i dalje iste grijehove, sa samim pokajanjem sa riječima, već treba da uberemo plodove pokajanja pokazujući prava djela (Jevanđelje po Luki 3:8).

Šta više, kako naša vjera raste i kako postajemo vođe u crkvi, mi ne treba da više imamo plač pokajanja. Ovo ne znači da mi ne treba da plačemo čak i kada činimo grijehove. To znači da mi treba da odbacimo grijehove kako više ne bi postojale stvari za kojima bi plakali.

Kada mi ne ispunjavamo naše dužnosti, mi takođe plačemo u

pokajanju. 1. Korinćanima Poslanica 4:2 govori: „*A od pristava se ne traži više ništa, nego da se ko vjeran nađe.*" Tako da, mi treba da budemo vjerni i da beremo dobre plodove u našim dužnostima. Ako to ne činimo, mi moramo da imamo plač u pokajanju.

Jedna važna stvar ovdje je da ako se mi ne pokajemo i ne okrenemo kada ispunjavamo naše dužnosti, to može postati zid grijeha protiv Boga i kao posljedica toga mi nećemo biti zaštićeni od strane Boga. To je nešto slično kao starije dijete koje se i dalje ponaša kao beba i mora da bude izgrđeno sve vrijeme.

Ali ako se pokajemo i plačemo iz dubine našeg srca, Bogom data radost i mir će doći do nas. Bog će nam takođe dati uvjerenost da to možemo da uradimo. On nam daje snagu da bi ispunjavali naše dužnosti. Ovo je utjeha koju Bog daje onima koji plaču.

Sljedeće, postoji plač za braću i sestre u vjeri.

Ponekad, braća u vjeri čine grijehove i idu na put smrti. U ovom slučaju, ako mi imamo milost, mi ćemo imati uznemirenost i brigu za ovu braću. Tako da, mi ćemo plakati kao da se to nama dešava. Mi ćemo se čak i pokajati umjesto njih i moliti se sa ljubavlju kako bi oni mogli da čine sa istinom.

Mi možemo da imamo ovu vrstu plača i suzne molitve pokajanja umesto njih samo kada mi imamo iskrenu ljubav za ove duše. Bog uživa u ovoj vrsti molitva sa plačom i On nam pruža utjehu.

Suprotno tome, postoje ljudi koji osuđuju i optužuju druge i otežavaju im život više nego što plaču i mole se za njih. Takođe, neki ljudi šire nepravednost drugih ljudi i to nije ispravno prema Bogu. Mi treba da prikrijemo greške drugih sa ljubavlju i molimo se za njih da ne čine grijeh.

Mučenik Stefan je zabilježen u Djelima Apostolskim u poglavlju 7. Jevreji su bili uvređeni porukom koju je Stefan propovjedao. Kada je on rekao da su njegove duhovne oči otvorene i da je on vidio Gospoda Isusa kako stoji sa desne strane Boga, oni su ga kamenovali do smrti.

Čak i kada je bio kamenovan, Stefan se molio sa ljubavlju za ove zle ljude koji su ga kamenovali.

I zasipahu kamenjem Stefana, koji se moljaše Bogu i govoraše: „Gospode Isuse, primi duh moj!" Onda kleče na koljena i povika glasno: „Gospode, ne primi im ovo za grijeh!" I ovo rekavši umre (Djela Apostolska 7:59-60).

Kakva su bila djela Isusa? On je dobio svo podsmijevanje i progone kada je On bio razapet, ipak On se molio za one koji su Njega razapinjali, govoreći: *„Oče, oprosti im; jer ne znadu šta čine"* (Jevanđelje po Luki 23:34).

Dok je trpeo bolove na krstu iako je On bio potpuno nevin, On se ipak molio za oproštaj od grijehova za one koji su Njega razapinjali. Kroz ovo, mi možemo da razumijemo koliko duboka, mudra i velika ljubav je Isusova bila za ove duše. Ovo je prikladna vrsta srca prema Bogu. To je srce sa kojim mi možemo da primimo blagoslove.

Postoji takođe i plač kako bi se spasilo još više duša.

Kada Božja djeca vide one koji su obojeni grijehom ove zemlje i da idu ka litici uništenja, oni moraju da imaju puno saosjećanje ljubavi želeći milost za njih. Danas, grijeh i zlo preovladavaju kao za vrijeme Noje. Ta generacija je kažnjena potopom. Sodoma i Gomora su kažnjene vatrom.

Prema tome, mi treba da plačemo za našim roditeljima, braćom i sestrama, rođacima i komšijama koji još nisu spašeni.

Takođe, mi treba da plačemo za našom nacijom i ljudima, crkvama i za stvarima koje uznemiravaju kraljevstvo Božje. Ovo znači da mi treba da plačemo za spasavanje duša.

Apostol Pavle je uvijek bio zabrinut za kraljevstvo i pravednost Božju i za duše. On je bio proganjan i prošao je kroz toliko nevolja dok je propovjedao jevanđelje. On je bio čak i zarobljen. Ali on nije plakao za svojim ličnim patnjama već je samo slavio i molio se Bogu (Djela Apostolska 16:25). Ali za kraljevstvo Božje i duše, on je plakao i još više.

Osim što je spolja, navaljivanje ljudi svaki dan i briga za sve crkve. Ko oslabi i ja da ne oslabim? Ko se sablazni i ja da se ne raspalim? (2 Korinćanima poslanica 11:28-29).

Zato gledajte i opominjite se da tri godine dan i noć ne prestajah učeći sa suzama svakog od vas (Djela Apostolska 20:31).

Kada vjernici ne stoje čvrsto u riječi Božjoj ili kada crkva ne otkriva slavu Božju, ljudi kao Pavle će plakati i imaće uznemirujuću zabrinutost zbog toga. Takođe, kada su oni proganjani za ime Gospoda, oni ne plaču zato što im je teško. Oni umjesto toga plaču za dušama drugih ljudi. Šta više, kada oni vide da svijet postaje sve tamniji i tamniji, oni plaču i mole se kako bi slava Božja bila otkrivena još više i kako bi još više duša bilo spašeno.

Potreba za duhovnom ljubavi da bi duhovno plakali

Sada, šta mi treba da uradimo da bi duhovno plakali, što je ono što Bog želi? Da bi imali duhovni plač, prije svega mi treba da imamo duhovnu ljubav u nama.

Kao što je rečeno u Jevanđelju po Jovanu 6:63: *„Duh je ono što oživljava; telo ne pomaže ništa,"* samo kralj ljubavi koju prepoznaje Bog daje život i može da povede ljude na put spasenja. Čak iako neko izgleda da ima dosta ljubavi, ako je njegova ljubav daleko udaljena od istine, to je onda samo tjelesna ljubav.

Ljubav može biti kategorisana u tjelesnu ljubav i duhovnu ljubav. Tjelesna ljubav je ljubav koja traži sopstvenu ljubav. To je beznačajna ljubav koja se na kraju mijenja i nestaje. Sa druge strane, duhovna ljubav se nikada ne mijenja. To je ljubav u riječi Božjoj koja je istina. To je ljubav koja traži korist u drugima dok žrtvujemo nas same. Duhovna ljubav ne može da se posjeduje ljudskom snagom. Samo kada razumijemo ljubav Boga i boravimo u istini mi možemo davati takvu ljubav. Ako mi imamo duhovnu ljubav koja je ljubav da volimo čak i naše neprijatelje i odustajemo od našeg života za druge, onda će nam Bog dati obilne blagoslove. Sa ovom ljubavi, mi možemo da damo život gdje god da idemo i mnogi ljudi će se vratiti Gospodu.

Prema tome, kada mi imamo duhovnu ljubav u srcu, mi možemo da plačemo za dušama koje umiru i molimo se za njih. Sa ovom ljubavi, čak i ljudi sa očvrslim srcem mogu da se promjene i to može da da život i vjeru.

Praoci vjere koji su voljeli Boga imali su ovu vrstu duhovne ljubavi i oni su se molili za duše koji su išle ka putu uništenja. Oni su se molili sa suzama i plačem za kraljevstvo i pravednost Božju. Oni nisu samo prolivali suze već su vodili računa o drugim dušama danju i noću, bili su vjerni svojim dužnostima koje su im date.

To je duhovni plač samo kada je praćen djelima u propovjedanju riječi i u brizi za duše sa ljubavlju prema njima. Ako mi imamo duhovnu ljubav, mi ćemo takođe imati duhovni plač za Božjim kraljevstvom i Njegovoj pravednosti.

Onda, kao što je rečeno u Jevanđelju po Mateju 6:33: „*Nego ištite najprije carstvo Božje, i pravdu Njegovu, i ovo će vam se sve dodati,"* duh i duša će se promjeniti, kraljevstvo Božje će biti ispunjeno i druge potrebne stvari će biti obilno opremljene od strane Boga.

Blagoslov dat onima koji plaču

Kao što je rečeno u Jevanđelju po Mateju 5:4: *„Blago onima koji plaču, jer će se utešiti,"* ako duhovno plačemo, mi ćemo biti utješeni od strane Boga. Utjeha koji Bog nama daje se razlikuje od utjehe koju ljudi mogu da pruže. 1. Jovanova Poslanica 3:18 govori: *„Dječice moja, da se ne ljubimo riječju ni jezikom, nego djelom i istinom."* Kako je Bog progovorio, On nas ne tješi samo sa riječima već takođe i sa materijalnim stvarima.

Onima koji su siromašni, Bog daje finansijski blagoslov. Onima koji pate od bolesti, Bog njima daje zdravlje. Onima koji se mole sa željom iz srca, Bog daje odgovore.

Takođe, onima koji plaču zato što nisu imali dovoljno snage da ispune svoje dužnosti, Bog daje snagu. Onima koji plaču za dušama, Bog daje plodove evangelizacije i oživljavanja. Šta više, onima koji kidaju svoje srce i plaču da odbace svoje grijehove, Bog njima daje milost oproštaja od grijehova. Takođe, do mjere da su odbacili svoje grijehove i postali posvećeni, Bog ih blagoslovi da manifestuju velika djela Božja kao što je bilo učinjeno u slučaju apostola Pavla.

Nekoliko godina ranije, ja sam prošao kroz velike poteškoće u kojima je opstanak ove crkve bio ugrožen. Ja samo morao mnogo da plačem zbog ljudi koji su nanijeli iskušenja crkvi i za one članove koji su bili nevini a opet proganjani. Zbog članova crkve koji su imali slabu vjeru i koji su napustili crkvu, ja nisam mogao čak ni da jedem i spavam.

Zato što sam znao koliko je veliki grijeh uznemiravati crkvu Božju, ja sam prolio mnogo suza misleći na duše koje su nanijele nevolje crkvi. Naročito, kada sam vidio duše koje su samo čule lažne glasine, ostavile crkvu i stale protiv Boga, ja sam morao mnogo da plačem jer sam osjećao odgovornost što se nisam dobro pobrinuo za njih.

Ja sam izgubio mnogo kilograma i bilo mi je veoma teško da čak i hodam. Opet ja sam i dalje morao da propovjedam tri puta nedjeljno. Ponekad mi se tijelo treslo ali zbog moje zabrinutosti za članove crkve, ja sam morao da se održim čvrsto. Bog je vidio ovo moje srce i kad god bi se molio, On me je utešio govoreći: „Ja te volim. Ovo je veliki blagoslov."

Blagoslov za dobijanje Božje utjehe

Kada je došlo vrijeme Bog je riješio svako nesporazum jedan po jedan i to je bila prilika za članove naše crkve da rastu u vjeri. Bog je počeo da pokazuje takva nevjerovatna djela Njegove moći koja nisu mogla da se porede sa ničim ranijim. On nam je pokazao mnogobrojne znakove i čuda i nevjerovatne stvari.

On je spasio crkvu od propadanja i umjesto toga On nam je dao blagoslov crkvenog preporoda. On je takođe široko otvorio put svjetske misije. U prekomorskim pohodima, On je poslao na stotine, onda na hiljade i milione ljudi da se okupe i čuju jevanđelje i prime spasenje. Koja vrsta nagrade i radosti je to bilo?

„Festival čudesnog molitvenog iscjeljenja" u Indiji 2002. godine, održan je na drugoj u svijetu najdužoj plaži, plaži Marina u Indiji. Na njemu je prisustvovalo ukupan broj od više od 3 miliona ljudi. Mnogi od njih su bili iscjeljeni i mnogobrojni Hindusi su se preobratili.

Božja utjeha dolazi od blagoslova koju mi ne možemo da zamislimo. On nam daje šta nam je potrebno najviše i više nego što je dovoljno. On nam takođe daje nagrade u nebeskom kraljevstvu i prema tome to je pravi blagoslov.

Otkrivenje Jovanovo 21:4 kaže: *„I Bog će otrti svaku suzu od očiju njihovih, i smrti neće biti više, ni plača, ni vike, ni bolesti neće biti više; jer prvo prođe."* Kao što je rečeno, Bog nam uzvraća sa slavom i nagradama na nebesima gdje nema suza, ni tuge i bola.

Nebeske kuće onih koji su uvijek plakali i molili se za kraljevstvo Božje i Njegovu crkvu imaće imovinu od zlata, mnogo dragih kamenja i druge nagrade. I naročito, to će biti ukrašeno sa velikim i sjajnim biserima. Sve dok svaki biser nije napravljen, školjka mora da istrpi bol i uznemirenost dug period i da luči kristalne supstance, odustajući od sebe da bi oblikovala biser.

Na isti način, dok smo se kultivisali na ovoj zemlji, ako smo prolili suze da se promjenimo i molili se sa plačem za kraljevstvo Božje i druge duše, Bog će nas utješiti sa biserima koji simbolizuju ove stvari.

Prema tome, hajde da ne plačemo na teljesan način već duhovni i samo za kraljevstvo Božje i za druge duše. Dok ovo činimo mi ćemo imati utjehu od strane Boga i takođe ćemo dobiti vrijedne nagrade u nebeskom kraljevstvu.

Poglavlje 3
Treći blagoslov

Blagosloveni su krotki, jer će naslijediti zemlju

Jevanđelje po Mateju 5:5

*Blagosloveni su krotki,
jer će naslijediti zemlju.*

Kada je Linkoln bio nepoznat advokat u svojem mlađem dobu, postojao je advokat po imenu Edvin M. Stanton (Edwin M. Stanton) koji nije mnogo volio Linkolna. Jednom, Stantonu je rečeno da mora da preuzme slučaj sa Linkolnom a on je zalupio vratima i otišao.

„Kako ja da radim sa jednim seoskim advokatom?"

Kako je vrijeme prolazilo, kada je novoizabrani predsjednik Linkoln formirao svoj kabinet, on je imenovao Stantona za dvadeset sedmog sekretara za rat Sjedinjenih Država. Linkolnovi savjetnici su bili iznenađeni i govorili su mu da razmisli opet o njegovom imenovanju. Bilo je to zato što je Stanton jednom javno kritikovao Linkolna govorivši da je to „nacionalna katastrofa" što je Linkoln izabran kao predsjednik.

„Šta ima veze ako on mene gleda sa visine? On ima sjajan osjećaj odgovornosti i ima sposobnost da prevaziđe teške situacije. On je više nego kvalifikovan da bude sekretar za rat."

Linkoln je imao srce koje je bilo i široko i krotko. On je mogao da razumije i zagrli čak i osobu koja je njega kritikovala. Na kraju, čak je i Stanton počeo njega da poštuje i kada je umro, on je prokomentarisao Linkolna sa riječima: „Linkoln je bio najsavršeniji vladar ljudi kakvog svijet još nije vidio."

Slično tome, umjesto da nam se ne sviđa i da izbjegavamo osobu kojoj se mi ne dopadamo, da bi ga promjenili i da bi mu ukazali na njegove dobre tačke, demonstrirajmo dobro i nježno srce.

Duhovna krotkost prepoznata od strane Boga

Uopšteno ljudi govore da biti introvertan, stidljiv i krotak i imati blag i mek temperament, je u stvari biti nježan. Ali Bog kaže da su stvarno krotki oni koji su krotki sa vrlinama. Ovdje „vrlina" znači „stvari koje su pravedne, prikladne i ispravnog srca." Imati vrline u Bogu je postupati pravedno u vježbanju kontrole sa drugim ljudima, imati dostojanstvo i biti opremljen u svim aspektima.

Krotkost i vrlina izgledaju slično, ali tu postoji jasna razlika. Krotkost je unutrašnja dok je vrlina kao spoljašnja odjeća. Čak iako je neko dobra osoba, ako ne nosi prikladnu odjeću, to će srušiti njegovu isturenu eleganciju i dostojanstvo. Slično tome, ako mi nemamo vrline zajedno sa krotkošću, to ne može biti savršenstvo. Takođe, čak iako izgledamo kao da imamo vrline, ako unutar nemamo krotkost, to je bezvrijedno. To je kao orahova kora bez ičega unutra.

Duhovna krotkost koja može biti prepoznata od Boga nije samo posjedovanje blagog karaktera; to je takođe posjedovanje vrlina. Onda, mi ćemo moći da imamo široko srce da prigrlimo mnogo ljudi kao veliko drvo koje pruža veliku hladovinu ljudima za odmor.

Pošto je Isus bio krotak, On se nije raspravljao niti je plakao i Njegov glas se nije čuo na ulici. On se ophodio prema dobrim i lošim ljudima sa istim srcem tako da su ga mnogi ljudi pratili.

Vrlina da zagrlite mnogo ljudi

U istoriji Koreje, postojao je kralj koji je imao krotak karakter. Bio je to Sejong Veliki. On ne samo da je imao krotak karakter već je takođe posjedovao i vrline. On je bio voljen od strane njegovih ministra i ljudi. U njegovo vrijeme, postojali su veliki učenjaci kao što su Hvang Hi (Hwang Hee) i Mijang Sa Sung (Maeng Sa Sung). A što je najvažnije, on je imao dostignuće u stvaranju „Han-gula (Han-gul,),'' Korejanskog alfabeta. On je reformisao medicinski sistem i set štamparskih slova. On je imenovao mnoge vrste ljudi u raznim oblastima uključujući muziku i nauku i ostvario je sjajna kulturna dostignuća. Tako da vi možete da vidite da ako neko posjeduje krotkost sa vrlinama, mnogi ljudi mogu da se odmore u njemu i plodovi su takođe prelijepi.

Oni koji su krotki mogu da zagrle čak i one koji imaju različite ideje i obrazovanje. Oni ne osuđuju i optužuju sa zlom u bilo kojoj stvari. Oni shvataju sa tačke gledišta drugih u bilo kojoj situaciji. Njihovo srce može biti opisano kao meko i utješno dovoljno da služi drugima u pokornosti.

Ako bacimo kamen na parče tvrdog metala to će stvoriti glasan zvuk. Ako bacimo kamen na staklo, razbiće se. Ali ako bacimo kamen na snop pamuka, on neće napraviti zvuk niti će se slomiti, zato što će pamuk prigrliti kamen.

Slično tome, onaj koji je krotak neće se odreći onih koji imaju slabu vjeru i koji čine zlo. On će čekati sve do kraja dok se ne promene i vodiće ih da čine bolje. Njihove riječi neće biti glasne niti će vikati, već nježne i krotke. On neće govoriti beznačajne stvari već samo riječi istine koje su potrebne.

Takođe, čak iako ga neki drugi mrze, on se neće osjećati uvređeno niti će imati loša osjećanja prema njima. Kada on dobije savjet ili ukor, on će prihvatiti to sa radošću da bi sebe poboljšao. Ova vrsta osobe neće imati nikakve nevolje sa bilo kojom drugom osobom. On će razumijeti mane drugih i zagrliće ih tako da će pridobiti srca mnogih.

Kultivišite srce i načinite ga dobrom zemljom

Kako bi mi imali duhovnu krotkost, mi moramo da pokušamo da revnosno kultivišemo polje našeg srca. U Jevanđelju po Mateju u poglavlju 13, Isus nam je dao parabolu o četiri različite vrste polja, upoređujući ga sa našim srcem.

U zemljištu duž čvrstog puta, bilo koje sjeme koje je palo na njega neće moći da nikne i pusti korijen. Srce poput ovoga neće imati vjeru čak i nakon slušanja riječi Božje. Onaj koji ima ovu vrstu srca je tvrdoglav; on ne otvara njegovo srce čak i nakon što čuje istinu, tako da on ne može da sretne Boga. Čak iako on možda posjećuje crkvu, on je samo neko ko ide u crkvu. Riječ u njemu nije posađena, tako da vjera u njemu ne može da klija, da pusti koren i raste.

Kamenito polje može da podrži sjeme koje je palo u njega, ali biljka ne može da poraste od kamenja. Onaj koji ima ovo srce nema sigurnost vjere čak i nakon što sluša riječ. Kada je iskušan, on će izgubiti snagu i pašće. On zna Boga i takođe dobija ispunjenost Duhom, tako da je on bolji nego zemljište „zajedno sa stazom." Ali, zato što njegovo srce nije kultivisan u istini, ono se suši i umire i tu ne postoje djela koja prate kultivaciju.

U trnovitom polju, sjeme može da klija i da raste ali zbog trnja, ne može davati plodove. Jedan koji ima ovo srce ima i svoje želje, iskušenja za novcem, brige ove zemlje i svoje lične planove i misli, tako da on ne može da iskusi moć Božju u svakoj situaciji.

Na dobrom zemljištu, sjeme može da raste i da da plodove koji su trideset, šezdeset ili stotinu puta veći nego prvobitno sjeme. Jedan koji ima ovo srce će se povinovati samo sa „Da" ili „Amin" riječi Božjoj koju čuje, tako da on može da ubere plodove u izobilju u svakoj i svakakvoj stvari. Ovo je vrsta srca dobrote koje Bog želi.

Hajde da provjerimo koju vrstu srca imamo. Naravno, veoma je teško da se napravi precizna razlika među različitim srcima, bilo da je zajedno sa stazom, ili kamenom zemljom, u trnovitom polju, ili u dobroj zemlji kako ga mjerimo sa skalom. „Zajedno sa stazom" može takođe da ima i kamenu zemlju i čak iako imamo neku dobru zemlju, neistina koja je kao kamenje može biti stavljena u naše srce kako rastemo.

Ali u skladu sa tim kakvu vrstu srca-zemlje mi imamo, ako ga revnosno kultivišemo, mi možemo da ga načinimo dobrom zemljom. Slično tome, umjesto što razmišljamo o tome kakvu vrstu srca imamo, mnogo važnije je to koliko revnosno mi pokušavamo da kultivišemo naše srce.

Baš kao što seljak vadi kamenje, čupa travu, đubri zemljište da ga načini dobrim dok se nada obilnoj žetvi, ako mi pomjerimo sve oblike zla kao što su mržnja, ljutnja, ljubomora, osuđivanje i optuživanje iz našeg srca, mi možemo da imamo dobro srce-polje koje je bogato dobrotom i krotkom karakterom.

Moli se sa vjerom i do kraja i odbaci zlo

Kako bi mi kultivisali naše srce, najprije, mi treba da služimo u duhu i u istini da bi slušali riječ i razumijeli je. Takođe, čak i u poteškoćama, mi uvijek treba da se radujemo, stalno molimo i dajemo zahvalnost u svim okolnostima zajedno sa naporom da odbacimo zlo u našim srcima.

Ako tražimo snagu Božju kroz revnosne molitve i pokušamo da živimo po riječi, onda mi možemo da dobijemo milost i snagu Božju i pomoć Svetog Duha, tako da mi možemo brzo da odbacimo zlo.

Čak iako je zemlja veoma dobra, ako mi ne posadimo sjeme i ne brinemo se o usjevu, onda mi nećemo imati nikakvu žetvu. Slično tome, važna stvar je da mi ne bi trebali da pokušavamo samo jednom ili dva puta, već treba da se molimo sa vjerom sve do kraja. Jer vjera je suština stvari kojima se nadamo (Poslanica Jevrejima 11:1), mi treba revnosno da pokušamo da se molimo sa vjerom. Samo onda ćemo mi obilno žnjeti.

Takođe, u procesu odbacivanja oblika zla iz našeg srca, mi ćemo možda misliti da smo do neke mjere odbacili zlo, ali onda će to izgledati kao da zlo samo nastavlja da izranja. To je slično kada skidamo koru sa luka. Čak i kada skidamo slojeve nekoliko puta, ono i dalje ima istu vrstu kože. Ali ako ne odustajemo i nastavljamo da odbacujemo zlo do kraja, mi ćemo na kraju imati krotko srce koje nema zla u sebi.

Mojsijeva krotkost

Dok je Mojsije vodio Izraelce u zemlju Hanan za vrijeme četrdeset godina Izlaska, on se suočavao sa mnogo teškim situacijama.

Samo starijih ljudi je bilo 600 000. Uključujući žene i djecu, brojka mora da je premašila dva miliona ljudi. On je morao da vodi toliko mnogo ljudi kroz divljinu gdje nije bilo ni hrane ni vode. Mi možemo da zamislimo koliko mnogo prepreka je samo on morao da prevaziđe!

Postojala je vojska Egipta koja ih je iza pratila (Izlazak 14:9) a ispred njih je bilo Crveno more. Ali Bog je otvorio Crveno more za njih kako bi mogli da prođu po suvoj zemlji (Izlazak 14:21-22).

Kada nije postojala voda za piće, Bog je dao da voda teče iz kamena (Izlazak 17:6). Bog je takođe promjenio gorku vodu u slatku vodu (Izlazak 15:23-25). Kada nije bilo hrane, Bog je poslao manu i prepelice da ih nahrani (Izlazak poglavlje 14-17). Čak i kada su bili svjedoci moći živog Boga, Izraelci su se žalili protiv Mojsija svaki put kada su imali poteškoće.

I rekoše im sinovi Izrailjevi: „Kamo da smo pomrli od ruke GOSPODNJE u zemlji misirskoj, kad sjedasmo kod lonaca s mesom i jeđasmo hleba izobilja; jer nas izvedoste u ovu pustinju da pomorite sav ovaj zbor glađu" (Izlazak 16:3).

Ali narod bijaše onde žedan vode, te vikaše narod na Mojsija, i govoraše: „Zašto si nas izveo iz Misira da nas i sinove naše i stoku našu pomoriš žeđu?" (Izlazak 17:3).

I vikaste u šatorima svojim govoreći: „Mrzi na nas GOSPOD, zato nas izvede iz zemlje misirske, da nas da u ruke Amorejcima i da nas potre" (Ponovljeni Zakon 1:27).

Neki od njih su čak pokušali da kamenuju Mojsija. Mojsije je morao da ostane sa ovom vrstom ljudi četrdeset godina, učeći ih istinom i vodeći ih ka zemlji Hanan. Samo sa ovom činjenicom, mi možemo da zamislimo nivo njegove krotkosti.

Zbog toga je Bog slavio njega u Brojevima 12:3 verzija kralja Džejmsa, govorivši: „*A Mojsije bijaše čovjek vrlo krotak mimo sve ljude na zemlji.*" Ali to ne znači da je Mojsije imao takvu krotkost od početka. On je imao narav da ubije Egipćanina koji je zlostavljao čovjeka Jevrejina. On je takođe imao veliku samouvjerenost što je bio princ Egipta. Ali on je pokorio sebe i sebe ponizio u potpunosti dok je čuvao stado u pustinji Midijam četrdeset godina. Zbog toga što je ubio Egipćanina, on je morao da napusti palatu Faraona i da postane izbjeglica. On je na kraju shvatio da ništa nije mogao sam da uradi uz sopstvenu moć dok je živio u pustinji. Ali, nakon što je provodio ovo vrijeme u pročišćavanju, on je postao toliko krotka osoba da je mogao svakoga da prigrli.

Razlika između tjelesne i duhovne krotkosti

Obično, oni koji su krotki u tjelesnom smislu su tihi i stidljivi po karakteru. Oni ne žele nikakvu vrstu glasnih zvukova ili zvuka razbijanja.

Tako da, mi možemo da vidimo da u oni nekako neodlučni čak i sa neistinom. Kada oni imaju neke neutješne situacije, oni to možda unutar sebe potiskuju ali u srcu pate. Kada situacija prelazi granicu koju oni mogu da tolerišu, oni će možda eksplodirati i iznenadiće mnogo ljudi. Takođe, u njihovim dužnostima, oni nemaju strasti da bi bili vjerni tako da na kraju oni neće ubrati plodove.

Na ovaj način kada su stidljivi i introventni po karakteru, to nije vrsta krotkosti kojom je Bog oduševljen. Ljudi će možda misliti da je ovo krotkost ali po pogledu Božjem, koji traži srce, ovaj karakter ne može biti prepoznat kao krotkost.

Ali oni koji ispunjavaju duhovnu krotkost srca odbacujući neistinu iz srca će ubrati obilne plodove u različitim aspektima evangelizma i preporoda, baš kao što dobra zemlja može da proizvede obilnu žetvu.

Takođe, duhovno, oni će ubrati plodove Svjetlosti (Poslanica Efežanima 5:9), plodove duhovne ljubavi (1. Korinćanima Poslanica 13:4-7) i plodove Svetog Duha (Poslanica Galaćanima 5:22-23). Na ovaj način, oni postaju ljudi od duha tako da oni mogu brzo da dobiju odgovore na njihove molitve.

Iznad svega, oni koji su duhovno krotki su jaki i hrabri u istini. Kada oni treba da uče istinu, oni mogu da budu strogi u učenju. Kada oni vide ove duše koji čine grijehove pred Bogom, oni takođe mogu da imaju snagu i odlučnost da prekore i isprave sa ljubavlju ma ko to bio.

Na primjer, Isus je najkrotkiji od svih ali o stvarima koje nisu bile u skladu sa istinom, On je strogo prekorio ljude. Što znači, On nije tolerisao prljanje Hrama Božjeg.

I nađe u crkvi gdje sjede oni što prodavahu volove i ovce i golubove, i koji novce mijenjahu. I načinivši bič od uzica, izgna sve iz crkve, i ovce i volove; i mijenjačima prosu novce i stolove ispremeta; i reče

onima što prodavahu golubove: „Nosite to odavde,
i ne činite od doma Oca mog dom trgovački"
(Jevanđelje po Jovanu 2:14-16).

On je takođe surovo prekorio Fariseje i pisare koji su učili neistinu, koji su išli protiv riječi Božje (Jevanđelje po Mateju 12:34; 23:13-35; Jevanđelje po Luki 11:42-44).

Nivo duhovne krotkosti

Jedna stvar koju mi treba da znamo je da postoji krotkost u duhovnoj ljubavi u 1. Poslanici Korinćanima u poglavlju 13 i takođe i duhovna krotkost koja je među devet plodova Svetog Duha u Poslanici Galaćanima u poglavlju 5.

Onda, kako se ona razlikuje od krotkosti u Blaženstvima? Naravno, tri stvari nisu u potpunosti različite. Osnovno značenje je da budemo meki i blagi dok imamo ljubav i vrline. Ali dubina i širina se u svakome razlikuje.

Prvo, krotkost u duhovnoj ljubavi je najosnovniji nivo krotkosti u ispunjavanju ljubavi. Krotkost u devet plodova Svetog Duha ima ograničeno značenje; to je krotkost u svakoj stvari.

Krotkost u plodovima Duha je ono što je rođeno kao plod u srcu, a kada ovaj plod počne da djeluje i donosi blagoslove, onda je ovo krotkost Blaženstva.

Na primjer, mi možemo da kažemo da mi imamo dobre i

obilne plodove na prelijepom drvetu, mi to zovemo „plod Svetog Duha" ali kada mi uzmemo plod od koga bi naše tijelo imalo korist, to je onda plod u Blaženstvima. Prema tome, mi možemo da kažemo da je krotkost u Blaženstvima većeg nivoa.

Blagoslov dat duhovno krotkima

Kao što je rečeno u Jevanđelju po Mateju 5:5: „*Blago onima koji plaču, jer će se utješiti,*" ako mi imamo duhovnu krotkost, mi ćemo naslijediti zemlju.

Ovdje „naslijediti zemlju" ne znači da ćemo dobiti zemlju na ovom svijetu, već da ćemo posjedovati zemlju u vječnom nebeskom kraljevstvu (Psalmi 37:29).

Nasleđe je sticanje imovine, uslova ili osobina prošlih generacija. Vlasništvo nad imovinom je obično više prepoznato od strane drugih nego od druge svojine koja je kupljena novcem.

Na primjer, ako osoba ima parče zemlje koja je bilo prenošeno u porodici mnogo generacija, to je već poznato svim komšijama. Porodica će to zadržati kao nešto dragocijeno i prenosiće na svoju djecu. Prema tome, naslijediti zemlju znači da ćemo da je dobijemo svakako kao našu zemlju.

Onda, koji je razlog što Bog daje zemlju u nebeskom kraljevstvu onima koji imaju duhovnu krotkost? Psalmi 37:11 nova verzija Biblije kralja Džejmsa govori: „*A smerni će* naslijediti zemlju, i naslađivaće se množinom mira." Kao što je rečeno, to je zbog onih koji su krotki i imaju vrline i koji grle mnogo ljudi.

Onaj koji ima krotkost može da oprosti greške drugih, razumije ih i zagrli ih, tako da mnogi ljudi mogu da pronađu odmor u njemu i uživaju u miru sa njim. Kada osoba pridobije srca mnogih, to postaje duhovna vlast za njega i čak i u nebeskom kraljevstvu, on će dobiti veliku vlast. Prema tome, on će svakako naslijediti veliku zemlju.

Duhovna vlast da se naslijedi zemlja u nebeskom kraljevstvu

Na ovoj zemlji, jedan može da stekne vlast samo kada ima bogatstvo i slavu ali u nebeskom kraljevstvu, duhovna vlast je data onima koji ponize sebe i služe drugima.

Ali među vama da ne bude tako; nego koji hoće da bude veći među vama, da vam služi i koji hoće među vama da bude prvi, da vam bude sluga; kao što ni Sin čovječiji nije došao da Mu služe, nego da služi i da dušu Svoju u otkup da za mnoge (Jevanđelje po Mateju 20:26-28).

Zaista vam kažem, ako se ne povratite i ne budete kao djeca, nećete ući u carstvo nebesko. Koji se dakle ponizi kao dijete ovo, onaj je najveći u carstvu nebeskom (Jevanđelje po Mateju 18:3-4).

Ako mi postanemo kao djeca, naša srca će biti ponizna što je niže moguće. Tako da mi ćemo pridobiti srca mnogih ljudi na ovoj zemlji i mi ćemo postati oni koji su veliki na nebesima.

Slično tome, pošto je neko zagrlio srca mnogih ljudi sa duhovnom krotkosti, Bog će dati mnoge površine zemlje u skladu sa tim da mu dozvoli da uživa u svojoj vlasti zauvijek. Ako mi ne steknemo veliku površinu zemlje na nebesima, kako mogu biti izgrađene velike i savršene kuće?

Pretpostavimo da smo učinili mnoga djela za Boga i da smo dobili mnogo materijala za izgradnju kuće na nebesima, ali ako imamo samo malu porciju zemlje, mi ne možemo da izgradimo tako veliku kuću.

Prema tome, oni koji idu u Novi Jerusalim njima će biti data velika parcela zemlje zato što su oni ispunili u potpunosti duhovnu krotkost. Pošto je njihova porcija zemlje velika, njihove kuće će također biti velike i prelijepe.

Također, za svaki dom na najprikladniji način, postojaće prirodni objekti kao što su dobro održavane bašte, jezera, doline i brda. Postojaće također i drugi objekti kao što su bazeni, igrališta, prostorije za bal i tako dalje. Ovo je Božja briga o kući vlasnika da pozove one koje je on zagrlio i pomogao im da rastu u duhu i imaće bankete i djeliće njihovu ljubav vječno.

Čak i danas, Bog revnosno traži one koji su krotki. To je da bi im dao zadatke da zagrle toliko mnogo duša i da ih povedu ka istini i da bi im dao ogromne porcije zemlje kao nasleđe u vječnom nebeskom kraljevstvu. Prema tome, hajde da revnosno ispunimo posvećenje i krotkost u srcu, kako bi mogli da naslijedimo ogromnu zemlju u kraljevstvu nebeskom.

Poglavlje 4
Četvrti blagoslov

Blago gladnima i žednima pravde, jer će se nasititi

Jevanđelje po Mateju 5:6

Blago gladnima i žednima pravde,
jer će se nasititi.

Četvrti blagoslov · 55

Korejska poslovica kaže: „Čovjek će postati lopov ako ne jede tri dana." To nam govori o bolu zbog gladi. Čak i najjači čovjek ne može da uradi ništa ako je pogođen glađu.

Nije lako kada se propuste nekoliko obroka, a zamislite kako bi bilo ako ne bi mogli da jedete jedan, dva ili tri dana. Prvo, osjećali bi da ste gladni, ali kako vrijeme više prolazi dobili bi bol u stomaku i oblivao bi vas hladan znoj. Počeo bi bol po cijelom tijelu i funkcije tijela bi se pogoršale. Vaša želja za hranom bi postala nezamisliva u ovoj situaciji. Ako bi se to produžilo, izgubili bi čak i život.

Čak i danas, postoje ljudi koji pate od teške gladi i u ratovima oni koji jedu čak i otrovne biljke. Postoje mnogi koji žive od danas do sutra tako što nalaze nešto za jelo u kontejnerima ili u gomilama smeća.

Ali, ono što se teže podnosi od gladi je žeđ. Dobro je poznato da 70% ljudskog tijela je voda. Ako mi izgubimo 2% tečnosti u tijelu, mi ćemo imati ozbiljnu žeđ. Ako izgubimo 4%, tijelo će postati slabo i mi ćemo možda i pasti u nesvijest. Ako izgubimo 10%, mi ćemo možda umrijeti.

Voda je apsolutna preko potreban elemenat u ljudskom tijelu. Zbog ekstremne žeđi, neki ljudi koji putuju kroz pustinju pod jakim suncem će pratiti fatamorganu misleći da vide oaze i izgubiće živote.

Na ovaj način, osjećati glad ili žeđ je generalno bolna stvar i to nam može čak i oduzeti život. Onda, zašto Bog govori da su blagosloveni oni koji su gladni i žedni za pravednošću?

Oni koji su gladni i žedni za pravednošću

Pravednost je imenica za biti pravedan. Mirijam Vebster onlajn riječnik (The Merriam-Webster Online Dictionary) definiše „pravednost" kao „činiti u skladu sa božanskim ili moralnim zakonom; slobodan od krivice ili grijeha." U našoj okolini, mi možda vidimo neke ljude koji čak i žrtvuju svoj život da bi podržali pogrešnu vrstu pravednosti među prijateljima. Oni takođe i protestuju protiv socijalnih nepravilnosti insistirajući na tome da je njihovo vjerovanje pravedno.

Ali Božja pravednost je nešto drugo. To je da pratimo volju Božju i da praktikujemo riječ Boga koji je dobrota i sama istina. To se odnosi na svaki korak koji treba da načinimo sve dok ne povratimo izgubljeni lik Božji i postanemo posvećeni.

Oni koji su gladni i žedni za pravednošću će uživati u Zakonu GOSPODA Boga i razmišljaće o tome dan i noć kao što je zapisano u Psalmima 1:1-2. To je zato što riječ Božja sadrži ono što Božja volja jeste i koje vrste djela su pravedna djela.

Takođe, baš kao i priznanje pisara Psalma, oni će žudjeti za riječju Božjom i uzimaće je dan i noć. To nije samo da je čuvaju kao znanje već da je koriste u svojim životima.

Oči moje čeznu za spasenjem Tvojim i za riječju pravde Tvoje (Psalmi 119:123).

Pretečem svanuće, i vičem; riječ Tvoju čekam. Preteču oči moje jutarnju stražu, da bih razmišljao o riječi Tvojoj (Psalmi 119:147-148).

Ako mi zaista poznajemo ljubav Božju, mi ćemo najiskrenije žuditi za Njegovom riječju, tako gladni i žedni pravednosti. To je zato što, mi razumijemo da je jedan i jedini Sin Božji, koji je bio nevin i bezgriješan, uzeo patnju i sram krsta za nas. On je uzeo sram i patnju sa krsta da bi nas otkupio, koji smo svi griješnici, od naših grijehova i dao nam vječni život. Ako mi vjerujemo u ovu ljubav sa krsta, mi ne možemo a da ne živimo po riječi Božjoj. Mi ćemo misliti: „Kako ja mogu da uzvratim ljubav Gospoda i da udovoljim Bogu? Kako ja mogu da uradim ono što Bog želi?" Baš kao što žedan jelen traži izvor vode, mi ćemo tražiti vrstu pravednosti koju Bog želi.

Prema tome, mi ćemo se revnosno povinovati kako čujemo riječ, odbaciti grijehove i praktikovaćemo istinu.

Djela onih koji su gladni i žedni za pravednošću

Uz moć Božju ja sam iscijeljen od mnogih bolesti koje medicina nije mogla da izliječi. Kako sam ja sreo Boga na ovaj način, ja sam žudeo za riječju Božjom koji mi je podario novi život. Da bi čuo više i naučio više, ja sam prisustvovao službama i tražio sam Boga da bi Njega još bliže upoznao.

Ja ljubim one koji mene ljube; i koji me revnosno traže nalaze me (Poslovice 8:17).

Kako sam ja razumio volju Božju kroz ceremonije o održavanju cijelog Sabata, davanju prikladnih desetaka i da mi ne treba da dođemo pred Bogom praznih ruku (Izlazak 23:15), ja sam pokušao da revnosno praktikujem riječ. Sa mojom zahvalnošću prema Bogu koji me je iscijelio i spasio, Ja sam bio žedan da praktikujem riječ Božju.

Kako je proces praktikovanja pravednosti Božje počeo, ja sam shvatio da sam imao mržnju u srcu. Onda sam pomislio: „Ko sam ja uopšte da imam sposobnost da mrzim nekoga?"

Ja sam imao mržnju prema onima koji su povređivali moja osjećanja dok sam bio u bolničkoj postelji sedam godina, ali kako sam razumio ljubav Isusa koji je bio razapet i koji je prolio Njegovu krv i vodu za mene, ja sam se molio da odbacim mržnju.

Zovi Me, i odazvaću ti se, i kazaću ti velike i tajne stvari, za koje ne znaš (Jeremija 33:3).

Kako sam se ja molio i kako sam razmišljao sa tačke gledišta drugih ljudi, ja sam mogao da vidim da su oni mogli da čine tako u skladu sa njihovom situacijom.

Kako sam razmišljao o tome koliko im je srce bilo slomljeno dok su mene posmatrali u tako beznadežnoj situaciji, sva mržnja u meni se istopila i ja sam počeo da volim svaku vrstu osobe iz dubine svog srca.

Takođe, ja sam imao u mislima riječi iz Biblije koja nam govori da postoje određene stvari koje mi moramo da „činimo," „ne činimo," i da „odbacimo." Ja sam njih stavio u praksu. Ja sam zapisao svaku od grješnih navika koje sam morao da odbacim u blok i počeo sam da odbacujem kroz molitve i post. Kada sam bio siguran da sam ih odbacio, precrtavao sam ih sa crvenom olovkom. Na kraju, da bi precrtao sve grješne navike koje sam zapisao u blok, trebalo mi je tri godine.

1. Jovanova Poslanica 3:9 kaže: „*Koji je god rođen od Boga ne čini grijeha, jer Njegovo sjeme stoji u njemu; i ne može griješiti, jer je rođen od Boga.*" Kada smo gladni i žedni pravednosti i kada se povinujemo i praktikujemo riječ Božju, ovo će biti dokaz da mi pripadamo Bogu.

Jedi tijelo i pij krv Sina Čovječijeg

Šta je najpotrebnije onima koji su gladni i žedni? Naravno, to je hrana da bi ispunili glad i piće da bi utolili žeđ. Oni će biti čak i dragocjeniji od bilo kog dragocijenog kamena.

Dvojica trgovaca ušla su u šator u pustinji. Oni su polako počeli da se hvale o dragom kamenju koje su imali. Jedan arapski nomad koji ih je posmatrao ispričao im je njegovu priču.

Nomad je nekada veoma volio drago kamenje. Kada je prolazio kroz pustinju, on se susreo sa peščanom olujom. On nije mogao da jede nekoliko dana i bio je iscrpljen. On je pronašao torbu i otvorio je. Ona je bila puna bisera koje je on veoma volio.

Da li je zaista bio srećan što je pronašao bisere koje je toliko volio? Ne zaista, umjesto toga on je bio u velikom očaju. Ono što mu je u tom trenutku bilo najpotrebnije nisu bili biseri, već hrana i voda. Kakva je korist od bisera kada umirete od gladi?

Ovo je isto i sa duhom. U Jevanđelju po Jovanu 6:55, Isus je rekao: „*Jer je tijelo Moje pravo jelo i krv Moja pravo piće.*" Takođe, On je rekao u Jevanđelju po Jovanu 6:53: „*Zaista, zaista vam kažem, ako ne jedete tijelo Sina Čovječijeg i ne pijete krv Njegovu, nećete imati život u sebi.*"

Naime, ono što je nama potrebno da naš duh stekne duhovni život i da uživamo u blagoslovu da smo ispunjeni je da jedemo tijelo i pijemo krv Isusa.

Ovdje, tijelo Sina Čovjeka, Isusa, simbolizuje riječ Božju. Jesti Njegovo tijelo znači da uzimamo i da održavamo u mislima riječ Božju zapisanu u šezdeset i šest knjiga Biblije. Piti krv Isusa je moliti se sa vjerom i praktikovati riječ jednom kada pročitamo, čujemo i naučimo riječ Božju.

Proces rasta onih koji su gladni i žedni za pravednošću

1. Jovanova Poslanica u poglavlju 2 daje nam detaljan opis rasta u duhovnoj vjeri i održavanje vječnog života kada se jede tijelo i pije krv Sina Čovječijeg.

Pišem vam, dječice, da vam se opraštaju grijesi imena Njegovog radi. Pišem vam, oci, jer poznaste Onog koji nema početka. Pišem vam, mladići, jer nadvladaste nečastivog. Pišem vam, djeco, jer poznaste Oca. Pisah vam, oci, jer poznaste Onog koji je od početka. Pisah vam, mladići, jer ste jaki, i riječ Božja u vama stoji, i nadvladaste nečastivog (1. Jovanova Poslanica 2:12-14).

Kada čovjek koji ne zna za Boga prihvati Isusa Hrista i odbije oproštaj od grijehova, od prima Svetog Duha a onda i pravo da postane dijete Božje. To znači da on postaje kao novorođena beba.

Kada beba raste i postaje dijete, on spoznaje volju Boga sve više i više, kao što dijete prepoznaje svoju majku i oca, ali on ne može zaista da praktikuje riječ u potpunosti. To je baš kao što dejca vole svoje roditelje, ali njihove misli nisu duboke i oni ne mogu da razumiju srce svojih roditelja u potpunosti.

Nakon što neko prolazi u vremenu kao duhovno dijete, on postaje mladić u duhu koji je sebe naoružao sa riječju i molitvama. On zna šta je grijeh i uči o volji Božjoj. Mladići su energični i oni takođe imaju svoja sopstvena i jaka mišljenja. Tako da, oni su skloni greškama ali imaju samouvjerenost i snagu koja ih pokreće da postignu svoj cilj.

U ranoj zrelosti duha, oni vole Boga i imaju jaku vjeru, tako da oni ne prihvataju beznačajne stvari zemlje. Oni su puni Duha, stavljaju svoju nadu u nebesko kraljevstvo i bore se protiv grijehova kako slušaju riječ.

Oni imaju hrabrost i snagu da se odupru iskušenjima i testovima. Riječ Božja boravi u njima, tako da oni mogu da prevaziđu neprijatelja đavola i svijet i uvjek osvoje pobedu. Kako prolaze kroz vrijeme mladića i postaju kao očevi, oni će postati odrasli. Kroz njihovo iskustvo, oni mogu da misle kroz sve aspekte u odlukama napredovanja da bi napravili pravednu osudu u svakoj situaciji. Oni takođe stiču mudrost da pognu svoju glavu s vremena na vrijeme.

Mnogi ljudi govore da mogu da razumiju srce roditelja tek kada u stvari imaju izrod i podignu svoju djecu. Slično tome, samo kada mi postanemo duhovni očevi mi možemo da razumijemo pravog Boga, tako da mi možemo da razumijemo Njegovo proviđenje i posjedujemo vjeru višeg nivoa.

Otac duhovno je osoba koji je na nivou da razumije poreklo Boga i sve ostale tajne duhovnog kraljevstva uključujući i stvaranje nebesa i zemlje. Zato što on zna volju Boga, on može tačno da se povinuje u skladu sa Božjim srcem i prema tome, on će dobiti ljubav i blagoslove od Boga. On može da dobije sve vrste blagoslova uključujući i zdravlje, slavu, vlast, bogatstvo, blagoslov djece i tako dalje.

Blagoslov biti duhovno zadovoljan

Nakon što smo mi rođeni kao Božja djeca, do mjere da smo uzeli pravu hranu i pravo piće, mi možemo da rastemo u duhu i da idemo u duhovne dimenzije. Kako dubine duhovnih dubina postaju sve dublje, mi možemo još lakše da vladamo nad neprijateljem đavolom i Sotonom i takođe mi ćemo moći da razumijemo dubinu srca Boga Oca.

Mi ćemo moći da komuniciramo sa Bogom jasno i možemo biti vođeni Svetim Duhom u svim stvarima kako bi mogli da napredujemo u svim stvarima. Život sa komunikacijom sa Bogom i ispunjen Svetim Duhom je blagoslov da smo bili posvećeni, dat je onima koji su gladni i žedni za pravednošću.

Kao što je rečeno u Jevanđelju po Mateju 5:6: *„Blago gladnima i žednima pravde, jer će se nasititi,"* oni koji prime blagoslov što su bili posvećeni nemaju razloga da se susretnu sa bilo kojim testovima ili iskušenjima.

Čak iako postoje prepreke, Bog nam daje da ih izbjegnemo kroz vodstvo Svetog Duha. Čak iako se susretnemo sa teškoćama, Bog nam dozvoljava da spoznamo put da bi iz njih izašli. Kako naša duša napreduje, sve stvari će ići dobro za nas i mi ćemo biti zdravi; mi ćemo biti vođeni ka napretku u svim stvarima, tako da će naše usne biti pune svjedočenja.

Ako smo vođeni Svetim Duhom ovako, mi ćemo dobiti snagu da lako razumijemo grijehove i da ih odbacimo i tako, mi možemo da trčimo ka posvećenosti. U procesu postajanja posvećenim u našem hrišćanskom životu ponekad nije lako da nađemo stvari koje su duboko unutar našeg srca ili veoma tanane i male nepravde.

U ovoj situaciji, ako Sveti Duh sija Svojim svhetlom nad nama, mi možemo da razumijemo šta moramo da učinimo i ispunimo. Mi onda možemo da uđemo u veći nivo vjere.

Takođe, iako mi ne praktikujemo neistinu da bi počinili grijehove, mi nećemo možda razumuijeti koji put je put koji će više ugoditi Bogu u različitim situacijama. U ovim slučajevima, ako mi razumijemo šta će to udovoljiti Boga više sa djelima Svetog Duha i tako učinimo, naša duša će još više napredovati.

Važnost prave hrane i pića

Imavši na stotine i hiljade dolara vrijednog duga, jedan vjernik je bio u velikom očaju. Ali onda, on je želio da ode pred Boga i da se Njega drži. Sa vjerovanjem da se drži poslednje nade, on je počeo da se moli i da sluša riječ Božju sa srcem koje je bilo puno žudnje.

On je slušao snimljene kasete sa ceremonija na putu do posla i čitao je najmanje po jedno poglavlje Biblije i pamtio je po jedan stih iz Biblije svaki dan. Onda, prisjećao se riječi Božje u svakom momentu u njegovom danu i mogao je da ga prati.

Ali to ne znači da se kapija blagoslova odmah otvorila. Kako je iskreno tražio Božju volju i revnosno se molio, njegova vjera je rasla. Njegova duša je napredovala i blagoslovi su počeli da dolaze u njegov posao. Uskoro, on je mogao da vrati stotine hiljada dolara koje je imao. Njegov desetak i danas je prevelik.

Slično tome, ako smo zaista gladni i žedni za pravednošću,

baš kao i oni koji su gladni i žedni za hranom i vodom, mi ćemo ispuniti pravednost. Kao rezultat, mi ćemo dobiti blagoslove zdravlja i bogatstva. Mi ćemo dobiti ispunjenost i inspiraciju Svetog Dua i imaćemo komunikaciju sa Bogom. Mi ćemo moći da ispunimo kraljevstvo Božje do najvišeg stepena.

„Koliko mnogo mislim o Bogu i čitam i razmišljam o Njegovoj riječi svaki dan?"

„Koliko iskreno se ja molim i pokušavam da praktikujem riječ Božju?"

Hajde da provjerimo sebe na ovaj način i glad i žeđ za pravednošću sve dok se Gospod ne vrati, kako bi mogli da dobijemo blagoslove što smo postali duhovno posvećeni od strane Boga Oca.

Onda, mi ćemo moći da komuniciramo sa Bogom duboko i bićemo povedeni na put naprednog života i što je još važnije, mi ćemo dostići veličanstveno mjesto u nebeskom kraljevstvu.

Poglavlje 5
Peti blagoslov

Blago milostivima, jer će biti pomilovani

Jevanđelje po Mateju 5:7

*Blago milostivima,
jer će biti pomilovani.*

Žan Valžan (Jean Valjean) u Jadnicima bio je u zatvoru devedeset godina samo zato što je ukrao veknu hleba. Nakon što je bio pušten, svještenik mu je obezbjedio hranu i utočište, ali on je ukrao srebrni svećnjak od njega i pobjegao je. On je bio uhvaćen i dovela ga policija kod svještenika. Svještenik je rekao da mu je on poklonio kako bi ga spasio. Pitavši Žana Valžana, „Zašto nisi uzeo tacnu?" naveo je detektiva da ne sumnja u ništa. Kroz ovaj incident, Žan Valžan je naučio o iskrenoj ljubavi i opraštanju i počeo je da živi novim životom. Ali detektiv Žaver je onda pratio Valžana i otežavao mu je život. Kasnije, Valžan je spasao detektiva u jednoj pucnjavi od smrti. On je rekao: „Postoje mnoge stvari koje su široke kao more i nebo, ali oproštaj je nešto šire."

Imati milost prema drugima

Ako mi oprostimo drugima sa milošću, mi možemo da dodirnemo njihova srca i tu može da postane promjena u srcu. Koje je značenje milosti?

To je vrsta srca da oprostimo iz dubine srca i da se molimo i damo savjet sa ljubavlju za nekoga, čak iako je on počinio grijehove ili nas direktno ugrozio. To je slično dobroti koja se nalazi u devet plodova Svetog Duha u Poslanici Galaćanima u poglavlju 5 ali je dublje od toga.

Dobrota je srce koje prati samo dobrotu bez posjedovanja zla i to se jasno vidi kroz srce Isusa koji se nije raspravljao niti je uzvikivao.

Neće se svađati ni vikati, niti će čuti ko po rasputicama glas Njegov. Trsku stučenu neće prelomiti i svještilo zapaljeno neće ugasiti dok pravda ne održi pobjedu (Jevanđelje po Mateju 12:19).

Ne slomiti stučenu trsku znači da čak iako neko čini zlo, Gospod ga ne kazni odmah već istraja sa njim sve dok ne dostigne spasenje. Na primjer, Isus je znao da je Juda Iskariotski htio da Njega proda kasnije ali On ga je savjetovao sa ljubavlju i pokušao je da ga navede da razumije sve do kraja.

Takođe, da se ne ugasi svjetilo zapaljeno znači da Bog ne odustaje odmah od Njegove djece, čak i kada oni pokušavaju da ne žive po istini. Čak iako mi možda pokušavamo da činimo grijehove pošto mi nismo savršeni, Bog nam daje razumijevanje kroz Svetog Duha i istraja sa nama sve do kraja kako bi se mi promjenili kroz istinu.

„Milost" je razumijeti, oprostiti i voditi druge ka pravom putu sa ovim srcem Gospoda, čak iako su nam počinili zlo bez ikakvog razloga. To nije da mislimo sa sopstvene tačke gledišta prativši našu sopstvenu korist već da mislimo sa tačke gledišta drugih, kako bi mi mogli da razumijemo druge i pokažemo milost prema njima.

Isus prašta preljubnicima

U Jevanđelju po Jovanu Fariseji i pisari doveli su pred Isusa ženu koja je počinila djelo preljube. Da bi Njega testirali, oni su postavili pitanje.

„*A Mojsije nam u zakonu zapovijedi da takve kamenjem ubijamo; a ti šta veliš?"* (stih 5). Zamislite samo ovu situaciju. Žena koja je počinila preljubu mora da je drhtala od sramote zato što je njen grijeh bio otkriven pred svima i zbog straha od smrti.

Ovi pisari i Fariseji koji su bili ispunjeni zlom namjerom nisu obraćali pažnju na ženu koja je bila ispunjena strahom. Oni su umjesto toga bili ponosni što su mogli sada da uhvate u klopku Isusa. Neki od ljudi koji su posmatrali scenu već su uzeli kamenje sa zemlje osudivši je već u skladu sa zakonom.

Šta je Isus uradio? On se u tišini povio dole i sa Njegovim prstom pisao je po zemlji. Bila su to imena grijehova koje je On zapisivao i koja su bila zajednička sa onima koji su tamo bili prisutni. Onda, On je ustao i rekao: *„Koji je među vama bez grijeha neka najprije baci kamen na nju"* (stih 7).

Jevreji su bili podsjećani na svoje grijehove i osjetili su sramotu i jedan po jedan su napuštali događanje. Na kraju, ostali su samo Isus i žena. Isus je njoj oprostio i rekao: *„Ni ja te ne osuđujem. Idi. I odsele više ne griješi"* (stih 11). To mora da je bilo nezaboravno za ženu do kraja njenog života. Ona vjerovatno nije više mogla da počini nikakve grijehove od tada.

Slično tome, milost može biti prikazana u različitim oblicima i može biti kategorisana u milost oproštaja, milost kazne i milost spasenja.

Neograničena milost spasenja

Oni koji su prihvatili Isusa Hrista kao svog Spasitelja već su dobili veliku milost od Boga. Bez milosti Božje, mi ne možemo osim da padnemo u pakao zbog naših grijehova i patimo zauvijek.

Ali Isus je prolio Njegovu krv na krstu da bi iskupio čovječanstvo od njihovih grijehova i kada mi vjerujemo u to, nama može bez cijene biti oprošteno i možemo da budemo spaseni: ovo je milost Božja.

Čak i sada, sa srcem roditelja koji nervozno iščekuju svoju djecu koja su napustila dom, Bog nestrpljivo čeka mnogobrojne duše da krenu naprijed ka putu spasenja.

Takođe, kada neko jako povrijedi osjećanja Božja, ako se on samo pokaje sa iskrenim srcem i okrene se, Bog ga neće prekoriti sa riječima: „Zašto si Me toliko razočarao? Zašto si počinio toliko mnogo grijehova?" Bog će ga samo prigrliti sa Njegovom ljubavlju.

„Tada dođite, pa ćemo se suditi," veli GOSPOD
„Ako grijesi vaši budu kao skerlet, postaće bijeli kao snijeg; ako budu crveni kao crvac, postaće kao vuna"
(Isaija 1:18).

Koliko je istok daleko od zapada, toliko je On udaljio od nas bezakonja naša (Psalmi 103:12).

Kada postoji neko ko je ranije uradio nešto loše, ako pokajao i već okrenuo, oni koji imaju milost neće se sjećati njegovih prošlih grješaka misleći: „On je ranije činio mnogo nepravde." Oni se neće udaljavati od njega i imati averziju prema njemu već će mu samo oprostiti. Oni će ga ohrabriti da bi mu pomogli da čini još bolje.

Alegorija o slugi kojem je oprošteno deset hiljada talanata

Jednog dana Petar je postavio pitanje Isusu o oproštaju. *„Gospode! Koliko puta ako mi sagriješi brat moj da mu oprostim? Do sedam puta?"* (Jevanđelje po Mateju 18:21). Petar je mislio da je veoma velikodušno oprostiti sedam puta. Isus je odgovorio: *„Ne velim ti do sedam puta, nego do sedam puta sedamdeset"* (Jevanđelje po Mateju 18:22).

Ovo ne znači da mi treba da oprostimo sedamdeset puta sedam, naime 490 puta. Sedam je broj savršenstva. „Sedamdeset puta sedam" znači da mi treba da praštamo bezgranično i savršeno. Onda, sa alegorijom Isus je učio o milosti oproštaja.

Kralj je imao mnogo sluga. Jedan od sluga je dugovao kralju deset hiljada talanata, ali nije mogao da vrati. Jedan talanat je u tom vremenu vredeo 6.000 dinara. To je bilo jednako sa 6.000 plata. To je bilo oko 6.000 plata običnog radnika.

Pretpostavimo da je dnevna plata običnog radnika 50.000

vona (won) ili oko 50 američkih dolara. Onda, jedan talanat je toliko kao 300.000.000 vona ili otprilike 300.000 američkih dolara. Deset hiljada talanata je onda 3 biliona vona ili 3 milijarde američkih dolara. Gdje bi sluga mogao da nabavi ovakvu količinu novca?

Kralj mu je rekao da proda svoju ženu, djecu i svu svoju imovinu da bi dug vratio. Sluga je pao na zemlju i klanjao se kralju govoreći: *„Pričekaj me i sve ću ti platiti"* (stih 26). Kralj je osjetio sažaljenje i pustio ga i oprostio mu dug.

Ovaj sluga kome je bila oproštena tolika količina duga sreo se sa jednim od njegovih kolega sluga koji mu je dugovao 100 dinara. Dinar je bio srebrni novčić Rimskog carstva i bi je plata za jedan dan običnog rada. Ako pretpostavimo da je dnevna plata 50.000 vona, ukupan dug ovog roba je samo oko 5 miliona vona, ili oko 5.000 američkih dolara. To je zaista mala količina u odnosu na deset hiljada talanata.

Ali sluga kojem je bio oprošten dug uhvatio ga i počeo je da ga davi, govoreći mu: „Vrati ono što duguješ." Čak iako je ovaj čovjek tražio milost, on ga je samo stavio u pritvor.

Kada je kralj saznao za ovu činjenicu, on je bio ljut i rekao je: *„Zli slugo, sav dug ovaj oprostih tebi, jer si me molio. Nije li trebalo da se i ti smiluješ na svog drugara, kao i ja na te što se smilovah?"* i stavio ga u pritvor (Jevanđelje po Mateju 18:32-33).

To je isto i sa nama. Mi koji smo osuđeni da idemo na put smrti zbog naših grijehova može nam biti oprošteno od grijehova bez ikakve cijene, samo sa ljubavlju Isusa Hrista. Ali ako mi ne praštamo male greške drugih ljudi i njih osuđujemo i optužujemo, koliko je ovo samo zlobno!

Imati široko srce za oproštaj drugima

Čak iako ćemo se možda suočiti sa nekim gubitkom zbog drugih, mi ne treba da imamo averziju prema njima niti da ih izbjegavamo, već da ih razumijemo i zagrlimo. Na ovaj način, mi ćemo imati široko srce da zagrlimo mnogo ljudi.

Ako mi imamo milost, mi nećemo mrzeti nikako niti ćemo imati loša osjećanja prema nekome. Čak iako druga osoba učini nešto loše u očima Božjim, radije nego da odma bude kažnjen, mi bi prvo trebali da budemo u mogućnosti da mu damo savjet iz ljubavi.

Takođe, kada oni daju savjet drugima, neki ljudi imaju neprijatna osjećanja prema onome šta su drugi učinili i povređuju njihova osjećanja dok daju savjete. I oni ne treba da misle da daju savjet iz ljubavi. Čak iako citiraju iz riječi istine, ako to ne čine sa ljubavlju, oni ne mogu da prime nikakva djela Svetog Duha. I prema tome, oni ne mogu da promjene srca drugih ljudi.

Čak i kada sluge urade nešto loše svojim podređenima, 1. Poslanica Petrova 2:18 govori: *„Sluge, budite pokorni sa svakim strahom gospodarima ne samo dobrima i krotkima nego i zlima."* Prema tome, mi treba da se povinujemo i pratimo sa poniznošću i molimo se za njih sa ljubavlju.

Takođe, kada podređeni učine nešto loše svojim vođama, vođe ne treba odmah da ih prekore ili da ih ostave da ne bi narušili mir u tom momentu. Oni bi trebali da nauče sa riječju kako bi ih naveli da jasno razumiju. Ovo je takođe vrsta milosti.

Kada lideri vode računa o svojim podređenima sa ljubavlju i milošću i vode ih sa dobrotom, oni mogu pravo da ustanu. Takođe, vođe će imati osjećaj nagrade jer su učinili zadatak u vođstvu i upravljanju onih koji su im bili povjereni.

Bez obzira sa kojom vrstom situacije se mi susrećemo, mi bi trebali da razumijemo sa tačke gledišta drugih. Mi bi trebali da se molimo za njih i damo im savjet sa ljubavlju sa kojom mi možemo da damo i naš sopstveni život. Kada mi imamo ovu vrstu ljubavi, mi ćemo možda morati čak i da kaznimo one koji idu pogriješnim putem i da ih povedemo ka istini.

Milost u kazni koja sadrži ljubav

Dok postoji milost u oproštaju, postoji i milost u kazni. Ovo je kada je milost prikazana u obliku kazne u skladu sa situacijom. Ova milost kazne nije učinjena sa bilo kojom mržnjom ili optužbom. To je poreklom iz ljubavi.

„Jer koga ljubi Gospod onog i kara; a bije svakog sina kog prima. Ako trpite karanje, kao sinovima pokazuje vam se Bog: jer koji je sin kog otac ne kara?

Ako li ste bez karanja, u kome svi dio dobiše, dakle ste kopilad, a ne sinovi" (Poslanica Jevrejima 12:6-8).

Bog voli Svoju djecu i zbog toga su njima nekada kazne dozvoljene. Na ovakav način, Bog njima pomaže da se okrenu od svojih grijehova i čine u skladu sa istinom.

Pretpostavimo da su vaša djeca nešto ukrala. Samo zato što je to ljubav kada roditelji vole da ispravljaju svoju djecu, vjerovatno neće biti mnogo roditelja koji će tući svoju djecu sa bičem zbog prve greške. Ako se oni pokaju sa suzama i iz srca, roditelji će ih vjerovatno toplo zagrliti i reći: „Opraštam ti ovaj put. Nemoj više to nikada da uradiš."

Ali ako djeca kažu da im je žao i da to neće više da ponove, ali u stvari ponove istu stvar, onda šta bi roditelji trebali da urade? Oni treba da daju najviše od sebe da bi ih posavjetovali. Ako oni ne slušaju, čak iako to može da slomi srce, roditelji treba da koriste bič i takođe ih udare, kako bi oni to zadržali duboko u srcima. Zato što roditelji vole svoju decu, oni njih kazne kako bi se oni okrenuli prije nego što zaista krenu putem koji je zaista pogrešan.

Kada djeca počine grijehove

Lopov koji je stajao u sudu pitao je vlasti da mu dozvole da vidi svoju majku prije suđenja. Kada se sreo sa svojom majkom, on je uzvikivao govoreći da je sve njena krivica što je on postao lopov. On je rekao da je postao lopov zato što ga majka nije kaznila kada je u detinjstvu prvi put nešto ukrao.

Kada ih pitaju zašto ne kažnjavaju svoju djecu kada urade nešto pogriješno, većina roditelja će vjerovatno reći zato što vole svoju djecu. Ali Poslovice 13:24 govore: *„Ko žali prut, mrzi na sina svog; a ko ga ljubi, kara ga za vremena."*

Ako mi samo mislimo o svojoj djeci: „O, moja draga beba," onda, čak će i pogriješna djela koja oni čine izgledati dobro. Zbog ove vrste tjelesne naklonosti, mnogi ljudi ne razlikuju šta je dobro a šta loše i donose pogriješne osude.

Takođe, čak iako se dijete stalno loše ponaša, roditelji ga ne ispravljaju već samo to prihvataju. Onda, ponašanje djece postaje još više neusmjereno i pogriješno vođeno.

Na primjer, u 1. Samuelova Knjiga u poglavlju 2, mi vidimo dvojicu sinova svještenika Ilije, Ofnije i Fines koji su ležali sa ženama na ulasku u šator gdje su se održavali sastanci. Ali Ilija im je samo rekao: *„Nemojte, djeco moja; jer nije dobro šta čujem; otpađujete narod GOSPODNJI"* (stih 24). Dvojica sinova su nastavljala da griješe i suočili su se sa nevjerovatnom smrću.

Da je svještenik Ilija njih strogo opominjao i ponekad prekorio kako je potrebno da idu na pravi put svještenika, oni ne bi skrenuli pogriješnim putem do te mjere. Oni su dostigli nivo gdje nisu mogli više da se okrenu jer njihov otac njih nije odgajao na primjeren i prav način.

Ali čak i u istoj vrsti kazne, ako ona nema ljubavi, mi ne možemo da kažemo da je to milost. Pretpostavimo da dijete od vašeg komšije ukrade nešto od vas. Onda, šta ćete uraditi? Oni koji imaju dobrotu imaće milost nad njim i oprostiće mu ako dijete traži oproštaj od srca. Ali oni koji nemaju dobrotu će se naljutiti na dijete i izgrdiće ga, ili ako čak i dijete traži oproštaj, oni će opet zahtjevati kaznu. Ili, oni će možda ovo otkriti i raširiti među ljudima, ili će se prisjećati ovoga dugo vremena i razviće predrasude prema djetetu.

Ovakva vrsta kazne potiče iz mržnje i prema tome to nije milost. To ne može da promjeni drugu osobu. Kada mi kažnjavamo, mi tu osobu moramo da kaznimo sa ljubavlju razmatrajući pogled te osobe i njegovu budućnost da bi napravili kaznu u milosti.

Kada braća u vjeri zgriješe

Kada braća u vjeri zgreše, Biblija nam do detalja govori kako da se prema tome postavimo.

Ako li ti sagriješi brat tvoj, idi i pokaraj ga među sobom i njim samim; ako te posluša, dobio si brata svog. Ako li te ne posluša, uzmi sa sobom još jednog ili dvojicu da sve riječi ostanu na ustima dva ili tri svjedoka. Ako li njih ne posluša, kaži crkvi; a ako li ne posluša ni crkvu, da ti bude kao neznabožac i carinik (Jevanđelje po Mateju 18:15-17).

Kada mi vidimo brata u vjeri da griješi, mi to ne treba da širimo drugima. Prvo, mi treba da njim lično da razgovaramo kako bi on mogao da se okrene. Ako on ne sluša, mi bi trebali da razgovaramo sa onima koji su viši u njegovoj grupi kako bi mogao on da se okrene. Ako on opet ne sluša, mi treba da kažemo crkvenim vlastima da ga povedu ka putu spasenja. Ako on pak ne sluša crkvenu vlast, onda, Biblija nam govori da njega smatramo nevjernikom. Mi ne treba da osuđujemo i optužujemo čak i osobu koja čini težak grijeh. Samo kada mi pokazujemo ljubav i milost mi možemo da dobijemo takođe i milost od Boga.

Milost u dobrotvornim djelima

To je nešto sasvim jasno za Božju djecu da se brinu o onima kojima je pomoć potrebna i da pokažu milost prema njima. Kada braća u vjeri pate, ako mi samo kažemo da nam je žao i ne pokažemo djela, onda za nas ne može da se kaže da imamo milost. Milost u dobrotvornim djelima u očima Božjim je djeliti ono što imamo sa braćom kojima je pomoć potrebna.

Jakovljeva Poslanica 2:15-16 kaže: *„Ako, na primjer, brat i li sestra goli budu, ili nemaju šta da jedu, i reče im koji od vas: „Idite s mirom, grijte se, i nasitite se", a ne da im potrebe tjelesne, šta pomaže?"*

Neki će možda reći: „Ja zaista želim da pomognem, ali nemam šta da dam kako bi im pomogao." Ali koji roditelji će samo posmatrati svoju djecu koja gladuju, samo zato što su oni u finansijskim poteškoćama? Na isti način, mi treba da možemo da se ponašamo prema braći u vjeri na način na koji bi se ponašali kao prema svojoj djeci.

Oni koji su kažnjeni zbog svojih grijehova

Kada mi pokazujemo milost i pomažemo onima kojima je pomoć potrebna, mi treba nešto da imamo uvijek u mislima. To je činjenica da mi ne treba da pomažemo onima koji su u nevoljama zbog svojih grijehova prema Bogu. Ovo će uzrokovati probleme koji će se nama samim dogoditi.

Za vrijeme vladavine kralja Jerovoama u kraljevstvu Izraela, postojao je prorok zvan Jona. U Knjizi o proroku Joni, mi vidimo ljude koji padaju u teške situacije zajedno sa prorokom Jonom koji se nije povinovao Bogu.

Jednog dana Bog je rekao Jonu da ide u grad Ninevija, koji je bio glavni grad zemlje koja je bila neprijateljska prema Izraelu i da prorokuje upozorenje Boga. Bilo je to da je grad Ninevija bilo ispunjeno grijehovima i da će ga Bog uništiti.

Jona je znao, da ako se ljudi Ninevije pokaju nakon što čuju upozorenje Boga, oni će pobjeći od uništenja. On je znao za srce Boga koje ima neograničenu milost i samu ljubav. Onda, to je bilo kao i pomaganje Asiriji, koja je bila neprijatelj Izraelu. Tako da, Jona se nije povinovao riječi Božjoj i ukrcao se na brod koji je išao za Tarsis.

Tako da, Bog je poslao veliku oluju i ljudi na brodu si izbacili sve što su na brod ukrcali i pretrpjeli su veliki gubitak. Na kraju su saznali da se to sve dogodilo zbog Jonove nepokornosti prema Bogu. Oni su znali da bi oluja prestala da su izbacili sa broda Jona kako im je Jona rekao, ali zbog simpatija koje su imali prema Joni oni to nisu mogli da učine. Oni su morali da pate sa njim sve dok ga nisu izbacili sa broda.

Uzimajući ovaj primjer kao pouku, kada mi pokažemo našu milost, mi moramo da budemo mudri. Mi treba da razumijemo da ako pomognemo onima koji su u nevoljama zbog Božje kazne, mi ćemo pasti u istu vrstu nevolje.

Takođe, u drugom slučaju, ako je neko zdrav a ne radi samo zato što je lijen, nije ispravno pomoći takvoj osobi. To je isto sa onima koji iz navike traže pomoć drugih iako oni mogu isto da rade.

Pomoći takvi ljudima je činiti ih još više lijenim i nesposobnijim. Ako mi pokažemo milost koja nije ispravna u očima Božjim, to će blokirati blagoslove nama.

Prema tome, mi ne treba samo bezuslovno da pomažemo svakome ko je u nevolji. Mi treba da razaznamo svaki slučaj kako se ne bi mi suočili sa nevoljama nakon što pomognemo drugima.

Pokazati milost prema nevjernicima

Ovdje, jedna važna stvari je da mi treba da pokažemo našu milost ne samo prema braći u vjeri već takođe i prema nevjernicima. Većina ljudi želi da se druži sa drugima koji imaju bogatstvo i slavu, ali oni gledaju dalje i ne žele da se druže sa onima koji nisu uspjeli u svojim koracima u životu. Oni će možda pomoći takvim ljudima nekoliko puta zbog ranijeg druženja, ali to se neće nastaviti. Ali mi ne treba da gledamo unaprijed bez obzira na sve. Mi treba druge da smatramo za bolje od nas i da se ponašamo prema svima sa ljubavlju.

Postoje neki koji zaista imaju milostivo srce i koji imaju obzir prema teškoćama drugih. Postoje neki ljudi koji nerado pomažu drugima zbog očiju drugih ljudi. Bog gleda na unutrašnje srce ljudi. On govori da je milost pomoći drugima sa ljubavlju i On će blagosloviti one koji pokazuju pravu milost.

Blagoslov za one koji su milostivi

Koji su blagoslovi Božji za one koji su milostivi? Jevanđelje po Mateju 5:7 kaže: „*Blagosloveni su krotki, jer će naslijediti zemlju.*"

Ako mi možemo da oprostimo i pokažemo milost čak i prema onima koji su nam zadavali teška vremena i koji su nam uzrokovali da patimo u šteti, Bog će pokazati milost prema nama i daće nam priliku da nam bude oprošteno čak i kada uzrokujemo slučajno štetu drugima da padnu.

Gospodova Molitva kaže: „*I oprosti nam dugove naše kao i mi što opraštamo dužnicima svojim*" (Jevanđelje po Mateju 6:12). Mi otvaramo put za dobijanje milosti od Boga pokazujući milost prema drugima.

U vremenu ranijih crkvi, postojala je učenica nazvana Tavita (Djela Apostolska 9:36-42). Vjernici u Jerusalimu su se raširili na mnoga mjesta zbog teških progona. Neki od njih su se nastanili u luci grada nazvanim Jopa. Ovaj grad je postao jedan od centara za hrišćanine, gdje je Tavita živjela. Pomagala je onima koji su bili siromašni kojima je pomoć bila potrebna. Ali jednog dana ona se razboljela i umrla je.

Oni koji su dobili pomoć od nje poslali su ljude Petru da bi ga pitali da je primi. Oni su pokazivali sve tunike i haljine koje je ona pravila dok je bila se njima, misleći na sve dobre stvari koje je ona činila.

Na kraju, ona je osjetila nevjerovatna djela Božja ponovo je ustala u život kroz molitvu Petra. Ona je dobila blagoslov da je njen život bio produžen uz milost Božju.

Takođe, kada imamo milost prema onima koji su siromašni i bolesni, Bog nam daje blagoslov zdravlja i bogatstva.

Zbog siromaštva i bolesti kojem ja nisam vidio kraja, ja sam u mladosti proveo mnogo teška vremena. Doduše kroz to vrijeme, ja sam počeo da razumijem srca onih koji su iskusili poteškoće.

Od više od trideset godina od vremena kada sam ja bio iscijeljen od mojih bolesti kroz moć Božju, ja sam živeio oslobođen od bolesti bez ikakvih vrsta bolesti. Ipak, ja ne mogu da izgubim simpatije prema onima koji pate od bolesti i siromaštva i onima koji su odbačeni i zaboravljeni.

Tako da, ne samo prije otvaranja crkve, već i poslije otvaranja crkve ja sam želio da pružim ruku onima kojima je pomoć bila potrebna. Ja nisam mislio: „Ja ću pomoći kada postanem bogat." Ja sam samo pomagao drugima bilo da je to bila velika ili mala količina.

Bog je bio zadovoljan sa ovim djelima i On me je blagoslovio toliko mnogo da sa ja obilno prinosio Bogu za svjetsku misiju i za ispunjenje Božjeg kraljevstva. Kako sam ja pokazivao sjeme milosti za druge ljude, Bog mi je dao da požnjem obilnu žetvu.

Ako mi pokažemo milost prema drugima, Bog će takođe oprostiti naše nepravednosti. On će nas ispuniti tako da nam ništa neće nedostajati i On će promjeniti slabost u zdravlje. Ovo je milost koju mi možemo da dobijemo od Boga kada smo milosni prema drugima.

Jevanđelje po Jovanu 13:34 govori: *"Novu vam zapovijest dajem da ljubite jedan drugog, kao što ja vas ljubih, da se i vi ljubite među sobom."* Kao što je rečeno, hajde da pružimo drugima utjehu i život sa mirisom milosti, tako da ćemo mi uživati u životu punom izobilja i blagoslova Božjih.

Poglavlje 6
Šesti blagoslov

Blago onima koji su čistog srca, jer će Boga vidjeti

Jevanđelje po Mateju 5:8

Blago onima koji su čistog srca,
jer će Boga vidjeti.

„Prvu stvar koju sam osjetio kada sam sletio na mjesec je stvaranje Božje i veličanstven osjećaj Božjeg prisustva." To je objava Džejmsa Irvina (James Irwin), koji je otišao na mjesec sa misijom Apolo 15, 1971 godine. Ovo je bio veoma čuveni citat koji je dotakao mnoge ljude širom svijeta. Kada je držao predavanje u Mađarskoj, jedan student ga je upitao.

„Niko od astronauta Sovjetskog Saveza nije rekao da su vidjeli Boga u univerzumu, ali zašto ste vi rekli da ste vidjeli Boga u univerzumu i da ste slavili Njegovu slavu?"
Ali Irvinov odgovor je bio toliko jasan svakome da je bio neosporiv. „Oni koji su čistog srca mogu da vide Boga." On je ostao na mjesecu 18 sati i govori se da je recitovao Pslame 8 kada je gledao zemlju i univerzum koje je Bog stvorio.

„GOSPODE, GOSPODE naš,
Kako je veličanstveno ime Tvoje po svoj zemlji,
Podigao si
slavu Svoju više nebesa! ...
Kad pogledam nebesa Tvoja,
djelo prsta Tvojih,
mjesec i zvijezde,
koje si Ti postavio...
GOSPODE, GOSPODE naš,
Kako je veličanstveno ime Tvoje po svoj zemlji!"

Čisti u srcu pred Bogom

Mirijam-Vebster onlajn riječnik (The Merriam-Webster Online Dictionary) definiše „čist" kao „nepomiješan sa drugim stvarima, ili čist od prašine, prljavštine ili drugih zagađenja." U Bibliji, to znači da mi treba da činimo na sveti način ne samo u spoljašnosti sa znanjem i obrazovanjem, već takođe moramo da imamo sveto i posvećeno srce.

U Jevanđelju po Mateju, kada je Isus službovao u Galileji, pisari i Fariseji su došli iz Jerusalima.

Pisari i Fariseji su profesionalno učili ljude Zakonom i striktno su se pridržavali Zakona. Oni su takođe i održavali tradiciju predaka, što su bili detaljni propisi o tome kako da se održava Zakon. Ove tradicije su se prenosile kroz generacije.

Zato što su oni praktikovali veliku samokontrolu i živjeli su pustinjačkim životima, oni su sebe smatrali svecima. Ali njihova srca su bila ispunjena zlom. Kada su oni bili povređeni riječima Isusa, oni su pokušali Njega da ubiju.

Jedna od tradicija predaka koju su stvorili pisari i Fariseji govori da je nečisto jesti sa neopranim rukama.

I oni su vidjeli učenike Isusa kako jedu sa neopranim rukama i kao prigovor na ovo oni su postavili Isusu pitanje.

Oni su pitali Isusa: *„Zašto učenici Tvoji prestupaju običaje starih?"* (stih 2). Onda, Isus je rekao: *„Ne pogani čovjeka šta ulazi u usta; nego šta izlazi iz usta ono pogani čovjeka"* (stih 11).

A šta izlazi iz usta iz srca izlazi, i ono pogani čovjeka. Jer od srca izlaze zle misli, ubistva, preljube, kurvarstva, krađe, lažna svjedočanstva, hule na Boga. I ovo je što pogani čovjeka, a neumivenim rukama jesti ne pogani čovjeka (Jevanđelje po Mateju 15:18-20).

Isus ih je takođe prekorio govorivši im da su kao okrečeni grobovi (Jevanđelje po Mateju 23:27). U Izraelu su obično koristili pećine kao grobnice. Obično su farbali ulaz grobnice sa bijelim krečom.

Ali grobnica je mjesto za leš i bez obzira koliko da ga ukrašavamo, unutrašnjost je puna propadanja i u njoj je neprijatan miris. Isus je upoređivao pisare i Fariseje sa grobnicama okrečenim u bijelo zato što su se oni ponašali kao sveci po spoljašnjem izgledu ali njihova srca su bila ispunjena različitim zlom i grijehovima.

Bog želi da mi budemo lijepi ne samo u spoljašnosti već takođe i unutar srca. Zbog toga je On rekao: *„Jer ne gledam na šta čovjek gleda, čovjek gleda šta je na očima, a GOSPOD gleda na srce"* (1. Samuelova 16:7) kada je On pomazao Davida, pastira, za kralja Izraela.

Koliko čist sam ja u srcu?

Kada mi propovjedamo jevanđelje, neki ljudi će reći: „Ja nikoga nisam ugrozio i živio sam dobrim životom, tako da je mogu otići na nebesa." Oni misle da mogu otići na nebesa čak iako nisu vjerovali u Isusa Hrista zato što imaju dobra srca i nisu činili grijehove.

Ali Poslanica Rimljanima 3:10 govori: „*Ni jednog nema pravednog.*" Bez obzira koliko neko o sebi misli da je pravedan, on će shvatiti da ima mnogo bezakonja i grijehova ako ogleda sebe u riječ Božju koja je istina. Ali neki govore da nemaju nikakav grijeh zato što nisu nikome naudili i nisu prekršili zakon.

Na primjer, čak iako su mislili da su nekoga mrzeli, oni su misleli da su bezgrješni jer nisu uzrokovali nikakvu fizičku štetu nekoj osobi. Ali Bog govori da imati zle misli u srcu je takođe grijeh.

On govori u 1. Jovanovoj Poslanici 3:15: „*Svaki koji mrzi na brata svog krvnik je ljudski; i znate da nijedan krvnik ljudski nema u sebi vječni život*" i u Jevanđelju po Mateju 5:28: „*A ja vam kažem da svaki koji pogleda na ženu sa željom, već je učinio preljubu u srcu svom.*"

Čak iako nije vidljivo u djelima, ako neko ima mržnju, preljubničke misli, sebične želje, aroganciju, neistinu, ljubomoru i ljutnju u srcu, njegovo srce nije čisto. Oni koji su čistog srca neće stavljati svoj interes u beznačajne stvari već će striktno pratiti samo jedan put sa nepromjenljivim srcem.

Djela Rute, žene čistog srca

Ruta je bila Jevrejka koja je postala udovica u ranim godinama i nije imala djece. Ona nije napustila svoju svekrvu već je ostala sa njom čak i u teškim vremenima. Njena svekrva nije imala na koga da se osloni, ali za dobrobit Rute ona je Ruti rekla da se vrati njenoj porodici. Ali Ruta nije mogla da ostavi samu svoju svekrvu.

Ali Ruta reče: „Nemoj me nagovarati da te ostavim i od tebe otidem; jer kuda god ti ideš, idem i ja; i gdje god ti nastaniš, nastaniću se i ja. Tvoj je narod moj narod, i tvoj je Bog moj Bog. Gdje ti umreš, umreću i ja, i onde ću biti pogrebena. To neka mi učini Gospod i to neka mi doda, smrt će me samo rastaviti s tobom" (Ruta 1:16-17).

Ovo priznanje Rute sadrži njenu jaku volju i ljubav sa svim njenim životom u služenju njenoj svekrvi. Mjesto rođenja njene svekrve je bio Izrael, mjesto koje nije bilo poznato Ruti. Oni nisu tamo imali ni kuću ni ništa.

Ali ona nije razmišljala o ovim okolnostima već je izabrala da služi svekrvi koja je bila sama. Ruta nikada nije zažalila zbog svog izbora i samo je služila svojoj svekrvi sa nepromjenljivim srcem.

Zato što je Ruta imala toliko čisto srce, ona je mogla sebe da žrtvuje sa radošću i nepromjenljivo je služila svojoj svekrvi. Kao rezultat, ona je srela bogatog čovjeka zvanog Voas koji je takođe bio dobar čovjek u skladu sa običajima Izraela i oni su imali sreću porodicu. Ona je postala prabaka kralja Davida i njeno ime je čak bilo i uvedeno u poreklu Isusa.

Blagoslov za one koji su čistog srca

Koje vrste blagoslova će dobiti oni koji su čistog srca? Jevanđelje po Mateju 5:8 kaže: *„Blago onima koji su čistog srca, jer će Boga vidjeti."* Uvijek je radosno biti sa onima koji su nama srcu dragi. Bog je Otac našeg duha i On nas više voli od nas samih. Ako mi možemo da Njega vidimo licem u lice i budemo pored Njega, ta radost ne može da se uporedi sa ničim drugim.

Neki će možda pitati: „Kako čovjek može da vidi Boga?" Sudije 13:22 govore: *„I reče Manoje ženi svojoj: Zacijelo ćemo umrijeti, jer vidjesmo Boga."* Jevanđelje po Jovanu 1:18 govori: *„Boga niko nije vidio nikad."* Na mnogim mjestima u Bibliji, da ljudi ne bi trebali da vide Boga i ako jesu, oni će umrijeti.

Ali Izlazak 33:11 kaže: *„I GOSPOD govoraše s Mojsijem licem u licu kao što govori čovjek s prijateljem svojim."* Kada su se ljudi Izraela popeli na planinu Sinaji posle Izlaska, Bog je sišao i oni nisu mogli da priđu u strahu od smrti, ali Mojsije je mogao da vidi Boga (Izlazak 20:18-19).

Šta više, Postanak 5:21-24 nam govori da je Enoh hodao sa Bogom.

A Enoh poživa šezdeset pet godina, i rodi Matusala. A rodivši Matusala poživa Enoh jednako po volji Božjoj trista godina, rađajući sinove i kćeri. Tako poživa Enoh svega trista šezdeset pet godina. I živjeći Enoh jednako po volji Božjoj, nestade ga jer ga uze Bog.

Hodati sa Bogom ne znači da je Bog Sam došao na zemlju i hodao sa Enohom. To znači da je Enoh stalno komunicirao sa Bogom i da je Bog imao kontrolu nad svime u životu Enoha.

Jednu stvar koju moramo da znamo ovde je da „hodati zajedno" i „biti zajedno" su u potpunosti razlikuju jedna od druge. „Bog je zajedno" znači da nas On drži zajedno sa Njegovim anđelima.

Kada mi pokušavamo da živimo po riječi, Bog nas štiti ali On može da hoda sa nama samo nakon što mi u potpunosti postanemo posvećeni. Prema tome, gledajući činjenicu da je Enoh hodao sa Bogom tri stotine godina, mi možemo da vidimo koliko je on bio voljen od strane Boga.

Blagoslov vidjeti Boga

Onda, koji je razlog što neki ljudi ne mogu da vide Boga dok neki drugi mogu da se vide sa Bogom licem u lice i čak hodaju sa Njim? 3. Jovanova Poslanica 1:11 kaže: *„Ljubazni, ne ugledaj se na zlo, nego na dobro. Koji dobro čini od Boga je, a koji zlo čini ne vide Boga."* Kao što je rečeno, oni koji su čisti u srcu mogu da vide Boga ali oni čija su srca nečista i zla ne mogu da vide Boga.

Mi to možemo da vidimo kroz slučaj Stefana koji je postao mučenik dok je propovjedao jevanđelje za vrijeme ranije crkve.

U Djelima Apostolskim u poglavlju 7, mi možemo da vidimo da je Stefan propovjedao jevanđelje i sa se molio čak i za one koji su ga kamenovali. To znači da do mjere da je on bio čist i nije imao grijehove u srcu. Zbog toga on je mogao da vidi Gospoda koji je stajao sa desne strane Boga.

Oni koji mogu da vide Boga su čisti u srcu i oni mogu da idu na bolja mjesta boravka na nebesima u treće kraljevstvo nebesko ili čak više. Oni mogu da vide Gospoda i Boga bliže i uživaju u vječnoj radosti.

Ali oni koji idu u Prvo kraljevstvo ili Drugo kraljevstvo nebesko ne mogu da vide bliže Gospoda čak iako to žele jer duhovna svjetlost koja nad njima zrači i mjesta boravka se razlikuju u skladu sa nivoom posvećenosti.

Kako postati čist u srcu

Svet i savršen Bog želi da mi budemo savršeni i čisti ne samo u djelima već takođe i u srcu odbacujući grehove koji su smješteni duboko u našem srcu. Zbog toga On govori: *„Budite sveti, jer sam ja svet"* (1. Petrova Poslanica 1:16), a *„Jer je ovo volja Božja, svetost vaša, da se čuvate od kurvarstva"* (1. Solunjanima Poslanica 4:3).

Sada, šta mi treba da uradimo da bi imali čisto srce koje Bog zahteva od nas i ispunimo svetost u nama?

Oni koji su navikli da se ljute moraju da odbace ljutnju i

postanu nježni. Oni koji su nekada bili arogantni moraju da odbace arogantnost i da sebe ponize. Oni koji su nekada mrzeli druge moraju da promjene sebe kako bi mogli da vole čak i neprijatelje. Jednostavno rečeno, mi moramo da odbacimo sve oblike zla i borimo se protiv grijehova do tačke prolivanja krvi (Poslanica Jevrejima 12:4).

Do mjere da odbacujemo zlo iz naših srca, slušamo Božju riječ, praktikujemo je i ispunjavamo sebe sa istinom, mi možemo da imamo čisto srce. Biće besmisleno ako mi samo čujemo riječ a ne praktikujemo je. Pretpostavimo da je odjeća prljava i samo kažemo: „O, ja moram da je operem," a ostavimo je takvu.

Prema tome, mi moramo da razumijemo prljave stvari u našem srcu slušajući riječ Božju, mi moramo naporno da pokušamo da ih odbacimo. Naravno, čistoća u srcu ne može da se postigne samo sa ljudskom snagom i voljom. Mi možemo da razumijemo ovo kroz priznanje apostola Pavla.

Jer imam radost u zakonu Božjem po unutrašnjem čovjeku, ali vidim drugi zakon u udima svojim, koji se suproti zakonu uma mog, i zarobljava me zakonom grijeha koji je u udima mojim. Ja nesrećni čovjek! Ko će me izbaviti od tijela smrti ove? (Poslanica Rimljanima 7:22-24).

Ovde „unutrašnji čovjek" se odnosi na pravo srce dato od Boga, što je srce istine, radovanje u zakonu Božjem i žudnja za Bogom. Sa druge strane, postoji srce od neistine koje želi da čini grijehove, tako da mi ne možemo da odbacimo grijehove sa samim našim naporom.

Na primjer, mi ovo možemo da vidimo u ljudima koji ne mogu lako da prestanu da piju i puše. Oni znaju da je pušenje cigareta i konzumiranje preterane količine alkohola štetno, ali ne mogu da prestanu. Oni donose Novogodišnje odluke i pokušavaju da prestanu, ali ne mogu.

Oni znaju da je to štetno ali zato što to u stvari vole, oni ne mogu da prestanu. Ali, ako dobiju Božju snagu od gore, oni mogu odjednom da prestanu.

To je isto sa grijehovima i zlom u našim srcima. 1. Timotejeva Poslanica 4:5 kaže: „*Jer se osvećuje riječju Božjom i molitvom.*" Kao što je rečeno, kada mi shvatimo istinu kroz riječ Božju i dobijemo Božju milost, snagu i pomoć Svetog Duha kroz revnosne molitve, mi možemo da ih odbacimo.

Da bi ovo učinili, ono što nam je potrebno je naša snaga i volja da praktikujemo riječ Božju. Mi ne treba samo da prestanemo nakon što smo praktikovali riječ nekoliko puta. Ako se mi molimo i ponekad postimo sve dok se konačno ne promjenimo, onda mi zaista možemo da odbacimo sve grijehove i imamo čista srca.

Čistost u srcu dobija odgovore i blagoslove

Blagoslovi za one koji su čisti u srcu nije samo da vide lik Boga Oca. To znači da oni mogu da dobiju odgovore na njihove želje srca kroz molitve i oni mogu da sretnu i iskuse Boga u svojim životima. Jeremija 29:12-13 govori: „*Tada ćete me prizivati i ići ćete i molićete mi se i uslišiću vas. I tražićete Me i naći ćete Me, kad Me potražite svim srcem svojim.*" Oni će dobiti odgovore Boga kroz svoje najiskrenije molitve, tako da će oni imati mnoga svjedočenja u svojim životima.

Ali ponekad, mi nekada vidimo neke nove vjernike koji su tek prihvatili Isusa Hrista i koji nisu živjeli zaista u istini ali su dobili odgovore na njihove molitve. Čak iako njihova srca nisu u potpunosti čista, oni su sretali i iskusili živog Boga.

Ovo je kao slučaj kada malo dijete uradi nešto lijepo a roditelji mu daju šta god želi. Čak iako nisu u potpunosti ispunili čistoću u srcu, do mjere da su ugađali Bogu sa mjerom vjere koju imaju, oni mogu da dobiju odgovore na njihove različite molitve.

Nakon što sam je sreo Boga, bio iscijeljen od svih mojih bolesti ja sam povratio svoje zdravlje i počeo sam da tražim posao. Ali čak i kada su mi nudili dobre uslove, ja nisam prihvatao ni jednu od tih ponuda ako nisam mogao da održavam Gospodnji dan svetim zbog posla. Ja sam davao najbolje što sam mogao da pratim pravi put sa čistim srcem pred Bogom.

Bog je sa ovim bio zadovoljan i vodio me da otvorim malu knjižaru na unajmljenom mjestu. Išlo je dobro i razmišljao sam da se preselim na veće mjesto. Čuo sam da ima jedno dobro situirano mjesto.

Kada sam otišao tamo, vlasnik prodavnice nije hteo da potpiše ugovor samnom jer njegov posao nije bio baš najbolji jer je moja prodavnica veoma dobro napredovala. Ja sam morao da odustanem, ali kada sam se stavio na njegovo mjesto, meni je njega bilo žao i ja sam se molio za njegove blagoslove iz dubine srca. Kasnije, ja sam saznao da se jedna velika prodavnica knjiga osma otvorila do ove prodavnice. U toj prodavnici ja ne bih bio konkurencija takvoj velikoj prodavnici. Bog koji sve zna radio je za dobro u svemu i imao je udeo u tome da se taj ugovor ne ostvari. Kasnije, ja sam se preselio u drugu prodavnicu. Ja nisam prihvatao neuredne studente. Pušenje cigareta i konzumiranje likera je bilo zabranjeno u mojoj prodavnici. U nedjelju, kada jer bio najveći broj mušterija, ja sam zatvarao vrata kako bi održao Gospodnji dan. U ljudskim mislima, poslovanje ne bi bilo dobro na bilo koji način. Ali umjesto toga, broj mušterija je rastao i broj prodaje je rastao. Tako da je svako mogao da prepozna da je to bio blagoslov Božji.

Pored toga, kako vodimo hrišćanski život, mi takođe možemo da dobijemo dar govora na drugom jeziku i druge darove Svetog Duha. Ovo je djelom blagoslov u „viđenju Boga."

> *Jer jednom se daje Duhom riječ premudrosti; a drugom riječ razuma po istom Duhu; a drugom vjera, tim istim Duhom; a drugom dar iscjeljivanja, po tom istom Duhu; a drugom da čini čudesa, a drugom proroštvo, a drugom da razlikuje duhove, a drugom*

različni jezici, a drugom da kazuje jezike. A ovo sve čini jedan i taj isti Duh razdeljujući po svojoj vlasti svakome kako hoće (1 Korinćanima Poslanica 12:9-11).

Ono čega mi treba da se sjetimo je da ako mi zaista volimo Boga, onda mi ne treba da se zadovoljimo sa vjerom djeteta. Mi treba da damo najbolje od sebe da odbacimo zlo oz našeg srca i brzo postanemo posvećeni kako bi odrasli u vjeri i razumijeli srce Boga.

2. Korinćanima Poslanica 7:1 govori: *"Imajući, dakle, ovakva obećanja, o ljubazni! Da očistimo sebe od svake poganštine tijela i duha, i da tvorimo svetinju u strahu Božjem."* Kao što je rečeno, hajde da odbacimo sve nečistoće u srcu i ispunimo svetost u nama.

Ja se nadam da ćemo mi napredovati u svim stvarima i da ćemo dobiti sve što potražimo, baš kao što posađeno drvo pored vode neće uvenuti već će dati obilne plodove čak i na suši. Ja se takođe nadam da ćete vi moći da se vidite sa Bogom licem u lice u nebeskom kraljevstvu.

Poglavlje 7
Sedmi blagoslov

Blago onima koji mir grade,
jer će se sinovi Božji nazvati

Jevanđelje po Mateju 5:9

Blago onima koji mir grade,
jer će se sinovi Božji nazvati.

Kada postoje dvije zemlje koje djele granicu, oni možda imaju sukobe ili čak i ratove dok se svaka bori da stekne svoju korist ili prednost. Ali postoje dvije zemlje koje djele istu granicu ali imaju međusobni mir već dugo vremena. To su Argentina i Čile. Nekada davno, oni su imali krizu koja ih je skoro dovela do rata zbog sukoba duž granice. Verski lideri su se izjasnili pred ljudima govorivši da je ljubav jedini način da se održi mir između dveju zemalja. Ljudi su prihvatili ono šta im je rečeno i izabrali su mir. Oni su uzdigli stub sa Biblijskim tekstom iz Poslanice Efežanima 2:14: „*Jer je On mir naš, koji oboje sastavi u jedno, i razvali plot koji je rastavljao.*"

Da bi postojao mir između zemalja potrebno je da postoji dobar odnos među njima, a u ličnim odnosima oni moraju da imaju utješna srca jedni sa drugima. Međutim duhovni mir sa Bogom se pomalo razlikuje. To je žrtvovati sebe za druge i njima služiti. To je poniziti sebe da bi uzdigli druge. Mi se ne ponašamo nepristojno. Čak i kada smo u pravu, mi možemo da pratimo mišljenja drugih ljudi osim ako nisu neistina.

To je težiti ka svačijoj koristi. To nije insistiranje na našem sopstvenom mišljenju već imati obzir najprije prema drugima. To je praćenje mišljenja drugih i nemati predrasude i biti međusobno saglasan sa obadvije strane o problemima ili datoj situaciji. Da bi bili mirotvorac, mi moramo da žrtvujemo sebe. Prema tome, duhovno značenje mira je žrtvovanje sebe čak i kada dajemo svoj život.

Isus je stvorio mir žrtvujući Sebe

Kada je Bog stvorio prvog čovjeka Adama, on je bio živi duh. On je uživao u vlasti vladajući nad svime. Ali kako je u njega ušao grijeh kada je jeo zabranjeni plod, Adam i sva njegova pokolenja postali su griješnici. Sada tu je nastao zid grijeha između ljudi i Boga.

Kao što je rečeno u Poslanici Kološanima 1:21: *„I vas koji ste nekad bili odlučeni i neprijatelji kroz pomisli u zlim delima,"* ljudi su otuđeni od Boga zbog grijehova.

Čovječanstvo je postalo grješno od vremena Adama, a Isus, Sin Božji, postao je žrtva iskupljenja za nas. On je umro na krstu da bi uništio zid grijeha između Boga i ljudi i stvorio je mir.

Neki će se možda pitati: „Zašto je čovječanstvo moralo da postane grjoešno samo zbog Adama kada je on bio samo jedna osoba?" To je nekako slično kao nekada davno kada su postojali robovi. Jednom kada postanete rob, sva vaša pokolenja su rođena kao robovi.

Poslanica Rimljanima 6:16 kaže: *„Ne znate li da kome dajete sebe za sluge u poslušanje, sluge ste onog koga slušate, ili grijeha za smrt, ili poslušanja za pravdu?"* Zato što se Adam povinovao neprijatelju đavolu i počinio grijeh, svako posle njega je postao grješnik.

Da bi doneo mir između Boga i čovječanstva koje je postalo grješno, bezgriješan Isus je bio razapet. Poslanica Kološanima 1:20 govori: *„Jer bi volja Očeva da se u Nj useli sva punina* *i kroza Nj da primiri sve sa sobom, umirivši krvlju krsta Njegova, kroza Nj sve, bilo na zemlji ili na nebu."* Isus je postao žrtve iskupljenja za oproštaj našim grijehovima i On je doneo mir između Boga i ljudi.

Jeste li vi mirotvorac?

Baš kao što je Isus došao dole na ovu zemlju u ljudskom tijelu i postao Mirotvorac, Bog želi da mi imamo mir sa svakim. Naravno, kada mi vjerujemo u Boga i učimo istinu, mi svakako nećemo namjerno narušiti mir. Ali sve dok imamo našu sopstvenu pravednost misleći da smo mi u pravu, mi ćemo možda bez sopstvene spoznaje narušiti mir.

Mi možemo da razumijemo jesmo li ovakva vrsta osobe provjeravajući da li pokušavamo da ugađamo drugima ili da li drugi pokušavaju da ugode nama. Na primjer, između supružnika, pretpostavimo da žena ne voli slanu hranu dok suprug voli slanu hranu.

Žena govori mužu da slana hrana nije dobra za zdravlje, ali on i dalje voli slanu hranu. Tako da, žena njega ne razumije. Sa tačke gledišta muža, on ne može lako da promjeni svoj ukus.

Ovdje, ako žena insistira da suprug prati njen savjet zato što je ona uz pravu, svađa će nastati. Prema tome, da bi imali mir, mi treba da imamo obzira prema drugima i pomognemo im da shvate i naprave promjene postepeno za boljitak.

Slično tome, kada pogledamo na našu okolinu, mi lako

možemo da vidimo da se mir narušava zbog takvih malih stvari. To je zbog naše sopstvene pravednosti jer mislimo da smo u pravu.

Prema tome, mi treba da provjerimo sebe da li mi tražimo sopstvenu korist pred koristi drugih, ili da li pokušavamo da insistiramo na sopstvenom mišljenju zato što smo u pravu i zato što govorimo istinu, iako znamo da je drugoj osobi teško. Takođe, mi treba da provjerimo da li mi želimo da nas naši potčinjeni bezuslovno poštuju i prate samo zato što smo mi stariji.

Onda, mi možemo da razumijemo da li smo zaista mirotvorci. Obično, veoma je lako imati mir sa onima koji su dobri prema nama. Ali Bog nam govori da imamo mir sa svim ljudima i posvećenost.

Mir imajte i svetinju sa svima; bez ovog niko neće vidjeti Gospoda (Poslanica Jevrejima 12:14).

Mi bi trebali da imamo mir čak i sa onima koji nam nisu naklonjeni, koji nas mrze ili koji nam uzrokuju nevolje. Čak iako smatramo da smo u potpunosti u pravu, ako je nekoj osobi teško ili se osjeća neprijatno zbog nas, to nije ispravno iz pogleda Božjeg. Onda, kako mi možemo imati mir sa svim ljudima?

Imati mir sa Bogom

Prvo, mi moramo da imamo mir sa Bogom.

Isaija 59:1-2 govori: „*Gle, nije okraćala ruka GOSPODNJA da ne može spasti, niti je otežalo uho Njegovo da ne može čuti. Nego bezakonja vaša rastaviše vas s Bogom vašim, i grijesi vaši zakloniše lice Njegovo od vas, da ne čuje.*" Ako mi počinimo grijehove, zid grijeha će nas blokirati od Boga. Prema tome, imati mir sa Bogom je nemati nikakav zid grijeha koji potiče zbog grijehova između Boga i nas.

Kada mi prihvatimo Isusa Hrista, nama je oprošteno od grijehova koje smo počinili sve do tog momenta (Poslanica Efežanima 1:7). Zbog ovoga, zid grijeha između Boga i nas je uništen i uspostavljen je mir.

Ali mi moramo da imamo u mislima da ako nastavimo da činimo grijehove nakon što nam je oprošteno od grijehova, zid grijeha se ponovo stvara.

Mi možemo da razumijemo iz Biblije da su mnoge vrste problema uzrokovane od grijeha. Kada je Isus iscjelio paralizovanog čovjeka u Jevanđelju po Mateju u poglavlju 9, On je prvo oprostio njegovim grijehovima. Nakon što je On iscjelio čovjeka koji je bio bolestan 38.godina, On je rekao u Jevanđelju po Jovanu 5:14: „*Eto si zdrav, više ne griješi, da ti ne bude gore.*"

Prema tome, kada se pokajemo u našim grijehovima,

okrenemo se i živimo po riječi Božjoj, mi možemo da imamo mir sa Bogom. Onda mi takođe možemo da dobijemo blagoslove kao Njegova djeca. Ako mi imamo bolest, mi ćemo biti iscijeljeni i bićemo zdravi, ako imamo finansijske poteškoće, problem će nestati i mi ćemo biti bogati. Na ovaj način, mi dobijamo odgovore na želje našeg srca.

Imati mir sa sobom

Sve dok imamo mržnju, ljutnju, ljubomoru i druge vrste zla, oni će biti uzrujani u skladu sa situacijom. Onda, mi ćemo patiti zbog njih i nećemo moći da imamo mir.

Postoji Korejska izreka koja kaže: „Kada tvoj rođak kupi zemlju, ti dobijaš stomačnu prehladu." Ovo je izliv ljutnje. Neko će patiti zbog ljutnje, neće mu se svidjeti situacija kada drugima ide dobro. Slično tome, sve dok imamo ljutnju, ljubomoru, aroganciju, rasprave, preljubničke misli i druge oblike zla u našim srcima, mi ne možemo da imamo mir. Sveti Duh u nama će takođe jecati, tako da će se naše srce osjećati potrešeno.

Prema tome, da bi imali mir sa samim sobom, mi moramo da odbacimo zlo iz naših srca i pratimo želje Svetog Duha.

Kada mi prihvatimo Isusa Hrista i imamo mir sa Bogom, Bog nam šalje dar Svetog Duha u naša srca (Djela Apostolska 2:38).

Sveti Duh, srce Boga, dozvoljava nam da Boga zovemo „Oče." On nam dozvoljava da razumemo grijeh, pravednost i osudu.

Božja djeca onda mogu da žive po riječi Božjoj dok ih Sveti Duh vodi.

Kada praktikujemo riječ Božju i pratimo želje Svetog Duha uz ovu pomoć Svetog Duha, On se raduje u našem srcu. Tako da, mi možemo da se osjećamo prijatno u srcu i možemo da imamo mir sa samim sobom.

Šta više, do mjere da smo u potpunosti odbacili zlo iz našeg srca, mi više nemamo borbe u našim srcima protiv grijehova, tako da mi u potpunosti možemo da imamo mir sa nama samima. Samo nakon što imamo mir sa samim sobom mi takođe možemo da imamo mir i sa drugima.

Imati mir među ljudima

Ponekad, mi možemo da vidimo ljude koji imaju vatrenost i strast za njihove Bogom date dužnosti. Oni vole Boga i posvećeni su, ali oni nemaju mir sa drugom braćom u vjeri.

Ako oni misle da je to od koristi za kraljevstvo Božje, oni ne slušaju tuđa mišljenja već samo nastavljaju da strastveno napreduju u svom poslu. Onda, neki drugi se neće osjećati prijatno i imaće suprotna mišljenja prema njima.

U ovoj situaciji, oni koji nemaju mir sa drugima misliće da je to cijena koju moraju da plate kako bi ostvarili nešto dobro za kraljevstvo Božje. Njih je čak i briga čak iako neki drugi imaju suprotna mišljenja od njihovih ili što su čak učinili da neprijatna osjećanja rastu u drugima.

Ali oni sa dobrotom će imati obzira prema srcima svakoga ko je u pitanju, tako da oni mogu da prate mir i zagrle druge. Tako da, mnogi ljudi mogu da dođu do njih.

Dobrota je srce istine koje prati dobrotu u istini. To je biti dobar i velikodušan. Takođe, to je imati obzira prema drugima više nego prema sebi i mariti za druge (Poslanica Filipljanima 2:3-5).

Jevanđelje po Mateju 12:19-20 kaže: *"Neće se svađati ni vikati, niti će čuti ko po rasputicama glas Njegov. Trsku stučenu neće prelomiti i svještilo zapaljeno neće ugasiti dok pravda ne održi pobjedu."*

Ako mi imamo ovu vrstu dobrote, mi se nećemo svađati sa drugima. Mi nećemo pokušavati da se hvalimo ili da budemo uzdignuti. Mi ćemo voljeti čak i one koji su slabi kao pohabana trska ili zli kao fitilj koji tinja. Mi ćemo njih zagrliti nadajući se najboljem za njih.

Na primjer, pretpostavimo da prvi sin kupuje lijepe poklone za svoje roditelje zbog ljubavi prema njima. Ali ako on kritikuje svoju braću koja ne mogu da učine isto, kako će se njegovi roditelji osjećati zbog toga? Vjerovatno, oni će svakako željeti da oni imaju međusobni mir i da se vole više nego da dobiju skupe i lijepe poklone.

Na isti način, Bog želi da mi razumijemo Njegovo srce i da ličimo na Njegovo srce više nego da ispunimo Njegovo kraljevstvo. Osim ako to nije apsolutna neistina, mi bi trebali da imamo obzira prema vjeri drugih i da pratimo mir.

Od kako sam službovao kao pastor ove crkve, ja nikada nisam

imao neprikladna osjećanja prema onim pastorima ili radnicima koji nisu požnjeli dobre plodove. Ja sam gledao na njih sa vjerom i upornošću sve dok nisu dobili više snage od Boga i dok nisu ispunili svakako i svoje zadatke.

Da sam samo insistirao na svom pogledu, mogao sam samo da ih savjetujem kao: „Zašto ne uradiš neki drugi zadatak, dobićeš više moći sljedeće godine i onda možeš da se vratiš kasnije na ovaj zadatak."
Ali sa strahom da će neko možda izgubiti svoje srce, ja to nisam učinio. Kada mi imamo dobrotu da ne rušimo pohabanu trsku ili fitilj koji tinja, mi možemo da imamo mir sa svim ljudima.

Mir kroz naše žrtvovanje

Jevanđelje po Jovanu 12:24 kaže: „*Zaista, zaista vam kažem: Ako zrno pšenično padnuvši na zemlju ne umre, ono jedno ostane; ako li umre mnogo roda rodi.*" Kao što je rečeno, kada mi sebe u svakoj oblasti žrtvujemo, mi možemo da imamo mir i obilne plodove. Naime, kada sjeme padne na zemlju i umre, ono može da klija i da mnogo plodova.

Šta je Isus uradio? On je Sebe u potpunosti žrtvovao. On je bio razapet za čovječanstvo koji su svi griješnici. On je otvorio put spasenja i povratio nezamisliv broj Božje djece.

Slično tome, kada se mi najprije žrtvujemo, kada mi služimo drugima u svakoj oblasti bilo da je to porodica, radno mesto ili crkva, onda mi možemo da imamo prelijepe plodove mira.

Svako ima različite mjere vjere (Poslanica Rimljanima 12:3). Svako ima drugačija mišljenja i ideje. Nivo obrazovanja, osobina i okolnosti u kojima su oni odgajani se razlikuju, tako da svako ima različite stavove o tome šta mu se dopada i šta misli da je ispravno.

Svako ima različit stav, tako da, ako svako insistira na tome šta želi, mi ne možemo da imamo mir. Čak iako smo u pravu i čak iako se ne osjećamo ugodno zbog drugih, mi treba da žrtvujemo sebe da bi imali mir.

Pretpostavimo da dvije sestre koje imaju potpuno različit stil života djele sobu. Ona starija voli kada joj je čisto ali mlađa nije baš takva. Starija govori mlađoj da se promjeni. Kada mlađa sestra ne sluša nekoliko puta, starija sestra će se osjećati iritirano. Ona će to izraziti u spoljašnosti. Na kraju, tu će doći do svađe.

Ovdje, svakako imati čistu sobu je bolje, ali ako se mi naljutimo ili vređamo druge sa našim riječima, to nije ispravno. Čak iako imamo nešto što nam ne godi, mi bi trebali da čekamo sa ljubavlju sve dok se ta osoba ne promjeni da bi imali mir.

Postojao je čovjek nazvan Minson. On je izgubio svoju majku kada je bio veoma mali. On je imao maćehu. Njegova maćeha je imala dva mlađa sina.

Ona je zlostavljala Minsona; ona je davala dobru hranu i dobru odjeću samo njenim sinovima. Minson je morao da drhti u hladnoći dok je nosio odjeću napravljenu od trske.

Hladnog zimskog dana, on je gurao kolica koja je njegov otac vukao, on se tresao toliko mnogo da se to osjećalo i na kolicima. Njegov otac je dodirnuo odjeću sina i na kraju je shvatio da je njegov sin nosio odjeću od trske.

„Kako ona može to da uradi?" On je bio bijesan i bio je blizu toga da izbaci svoju ženu iz kuće. Ali Minson je preklinjao oca da to ne učini. „Oče, nemoj da si uzrujan. Kada je njihova majka ovde, samo jedan sin će patiti ali ako je ona izbačena, sva tri sina će patiti."

Maćeha je bila dirnuta time šta je rekao. Ona se pokajala u njenim pogrješnim djelima sa suzama i oni su imali mirnu porodicu poslije toga.

Slično tome, oni koji imaju nježnost kao pamuk i koji nemaju svađe ili nevolje sa drugima biće dobrodošli i voljeni svuda. Takvi ljudi su mirotvorci. Oni mogu sebe da žrtvuju za druge čak i da daju svoje živote.

Mirotvorac Avram

Većina ljudi želi da ima mir u svom životu ali ne mogu zaista to da učine. To je zato što oni traže sopstvenu korist i dobit.

Ako mi ne žudimo za sebe, možda će to izgledati da smo se suočili sa gubitkom, ali sa očima vjere, to nije istina. Kada mi pratimo volju Boga da težimo ka dobiti drugih, Bog će nam uzvratiti sa Njegovim odgovorima i blagoslovima.

U Postanku u poglavlju 13, mi vidimo Avrama i njegovog nećaka Lota. Lot je izgubio svoga oca u ranim godinama i pratio je Avrama kao svog oca. Kao rezultat, on je takođe dobio blagoslove kada je Avram bio voljen i blagosloven od strane Boga. Njihovi posjedi su bili značajni. Ne samo srebro i zlato, već su oni imali mnogo stoke. Tako da, voda nije bila dovoljna i pastiri sa dveju strana su imali rasprave.

Na kraju, da bi izbjegao svađe između porodice, Avram je odlučio da odvoji mjesto boravka. Ovog puta, Avram je dao pravo prvog izbora da izabere bolju zemlju.

> *Nije li ti otvorena cijela zemlja? Odeli se od mene; ako ćeš ti na lijevo, ja ću na desno; ako li ćeš ti na desno ja ću na lijevo* (Postanak 13:9).

Tako da, Lot je uzeo dolinu Jordan jer je imalo vode u izobilju. Sa tačke gledišta Avrama, Lot je bio blagosloven zbog njega i po pravilima porodice, on je bio ujak a Lot nećak, tako da je on prvi mogao da izabere bolju zemlju. Takođe, ako je Avram dao pravo prvog izbora Lotu kao obično djelo, on bi mislio da je to nepogodno djelo Lota.

Ali, iz dubine njegovog srca, Avram je želio da njegov nećak Lot uzme bolju zemlju. Zbog toga je on mogao da ima mir sa

Lotom i kao rezultat on je dobio čak i veće blagoslove od Boga.

A GOSPOD reče Avramu, pošto se Lot odijeli od njega: „Podigni sada oči svoje, pa pogledaj s mjesta gdje si na sjever i na jug i na istok i na zapad; jer svu zemlju što vidiš tebi ću dati i sjemenu tvom do vijeka. I učiniću da sjemena tvog bude kao praha na zemlji; ako ko uzmože izbrojati prah na zemlji, moći će izbrojati i sjeme tvoje. Ustani, i prolazi tu zemlju u dužinu i u širinu; jer ću je tebi dati" (Postanak 13:14-17).

Od tada, Avramovo bogatstvo i vlast su bili toliko veliki da je bio čak i poštovan od kraljeva u njegovoj okolini. Sa njegovi dobrim srcem, on je mogao da bude nazvan čak i „prijateljem Božjim."

On koji teži za korist drugih u svim stvarima će činiti stvari koje drugi žele, a ne što on želi. Ako je udaren u desni obraz, on će okrenuti i lijevi obraz. On može da da svoj kaput i takođe i svoju tuniku nekome ko to potraži i može da ide dvije milje sa onima koji ga teraju da ide jednu milju (Jevanđelje po Mateju 5:39-41).

Baš kao što se Isus molio za one koji su ga razapeli, on isto može da se moli za svoje neprijatelje i za njihove blagoslove. On može da se moli za one koji ga proganjaju. Kada mi sebe žrtvujemo iz dubine našeg srca i težimo za korist drugih, mi možemo da imamo mir.

Mir samo u istini

Jedna stvar o kojoj moramo da vodimo računa je da postoji razlika u biti strpljiv i prikrivanju tuđih grešaka da bi imali mir i samo ignorisanje nečega omalovažavanjem. Imati mir ne znači da samo izbjegavamo ili se kompromitujemo sa osobom kada brat griješi. Mi treba da imamo mir sa svakim ali mi treba da imamo mir sa istinom.

Na primjer, od nas će možda da se traži da kleknemo pred idolima od strane članova porodica ili kolega na radom mjestu. Oni će možda tražiti od nas da pijemo alkohol. Ovo je protiv riječi Božje (Izlazak 20:4-5; Poslanica Efežanima 5:18), tako da mi to treba da odbijemo i izaberemo put koji udovoljava Bogu. Ali kada to uradimo, mi treba da budemo mudri. Mi ne treba da povređujemo osjećanja drugih. Mi treba da budemo ljubazni prema njima sve vrijeme. Mi moramo da pridobijemo njihova srca sa našom vjernošću. Mi onda možemo da ih ubijedimo sa nežnim srcem i da tražimo njihovo razumijevanje.

Ovo je svjedočenje jede od sestra u našoj crkvi. Nakon što je bila zapošljena, ona je imala nekih nevolja sa njenim kolegama neko vrijeme. Oni su željeli da ona ide na izlete i sastanke u nedelju, ali ona je željela da održava Gospodnji dan svetim. Tako da, njene kolege i starješine su je namjerno izostavljali. Ali ona nije marila za to i samo je nastavila da predano radi, čak i volonterski radila poslove drugih zaposlenih. Kada su oni vidjeli da ona odaje ovakav miris Hrista, oni su bili dirnuti. Sada, sastajali su se drugim danom a ne nedeljom i čak su određivali datume vjenčanja u subotu a ne nedelju.

Blagoslov biti nazvan sinovima Božjim

Jevanđelje po Mateju 5:9 kaže: *„Blagosloveni su krotki, jer će naslediti zemlju."* Koliko veliki blagoslov je biti nazvan sinom Božjim?

Ovdje „sinovi" se ne odnose samo na muški rod, već na svu djecu Božju. Ali to se pomalo razlikuje od „sinova" u Poslanici Galaćanima 3:26 koja kaže: *„Jer ste vi svi sinovi Božji vjerom Hrista Isusa."* U Poslanici Galaćanima samo su sinovi oni koji su spašeni. Ali „sinovi Božji" za mirotvorce imaju dublje duhovno značenje. Naime, to su iskrena djeca koje Bog Sam prepoznaje.

Svi koji su prihvatili Isusa Hrista i imaju vjeru su djeca Božja. Jevanđelje po Jovanu 1:12 kaže: *„A svima koji Ga primiše dade pravo da budu djeca Božja, čak i onima koji vjeruju u ime Njegovo."* Ali čak iako smo svi mi spašeni i postali smo djeca Božja, nisu svi vjernici isti.

Na primjer, između mnogo djece, postoje neki koji razumiju srca roditelja i njima ugađaju, dok drugi samo otežavaju svojim roditeljima.

Slično tome, čak i sa tačke gledišta Boga, neka djeca veoma brzo odbacuju zlo iz svojih srca i povinuju se riječju, dok druga djeca se ne mijenjaju čak i posle dugo vremena. Oni samo ostaju neposlušni.

Ovdje, koju djecu će Bog smatrati boljim? Svakako su to oni koja liče na Gospoda, imaju čista srca i povinuju se riječi. Tako da, Postanak 17:1 govori: *„Ja sam Bog Svemogući, po Mojoj volji živi, i budi pošten."* Bog želi da Njegova djeca budu bezgriješna i savršena.

Da bi mi bili nazvani sinovima Božjim, mi moramo da ličimo na lik Isusa našeg Spasitelja (Poslanica Rimljanima 8:29). Isus, Sin Božji, postao je mirotvorac žrtvovanjem Sebe sve do Njegovog razapeća.

Slično tome, kada mi ličimo na Isusa žrtvujući sebe i prateći mir mi možemo biti nazvani sinovima Božjim. Mi tada možemo takođe uživati u duhovnoj vlasti i moći u kojoj je Isus uživao (Jevanđelje po Mateju 10:1).

Baš kao što je Isus iscijelio mnoge bolesti, istjerivao demone, oživljavao mrtve, ako smo nazvani sinovima Božjim onda mi takođe možemo iscjeljivati čak i neizlečive bolesti kao što su rak, sida (AIDS) ili leukemija.

Šta više, čak i hromi, slijepi, mrtvi, mutavi i oni sa dječijom paralizom mogu biti potpuni. Njihove oči su počele da vide i počeli su da hodaju i čak i mrtvi su ustali.

Neprijatelj đavo će se plašiti i drhtati, tako da oni koji su uhvaćeni od demona ili moći tame biće oslobođeni (Jevanđelje po Marku 16:17-18). Postojaće manifestovanje djela iscjeljenja koja idu van granica vremena i prostora. Nevjerovatna djela mogu takođe da se dogode kroz stvari koje posjedujemo kao što su kroz maramicu kao što je bio slučaj Pavla (Djela Apostolska 19:11-12).

Takođe, baš kao što je Isus smirio vjetar i talase, mi ćemo moći da stvorimo promjenu u vremenskim uslovima (Jevanđelje po Mateju 8:26-27). Kiša će prestati i mi ćemo moći čak i da promjenimo smjer tajfuna ili uragana ili da učinimo da čak i nestanu. Mi možemo čak da vidimo i dugu po vrlo jasnom danu.

Pored ovoga, ako smo nazvani sinovima Božjim, mi ćemo ući u Novi Jerusalim koji udomljava Božji prijesto. Tamo mi možemo da uživamo u časti i slavi Njegove iskrene djece. Ako imamo vjeru da možemo da budemo spašeni, mi ćemo ući u Raj, ali ako postanemo iskrena djeca koja su nazvana sinovima Božjim, mi možemo da uđemo u Novi Jerusalim, najljepše mjesto boravka nebeskog kraljevstva.

Koliko je velika čast i slava princa koji će naslijediti prijesto? I ako ličimo na Boga koji je Vladalac svega i ako smo nazvani sinovima Božjim, naša čast i dostojanstvo će biti veliko! Mi ćemo biti praćeni od strane nebeske vojske i anđela i bićemo slavljeni od strane mnogih ljudi zauvijek u nebeskom kraljevstvu.

Šta više, mi ćemo uživati u svim vrstama prelijepih stvari i velikim i veličanstvenim kućama u raskošnom Novom Jerusalimu. Mi ćemo živjeti zauvijek u neopisivoj jačini radosti.

Prema tome, mi treba da uzmemo sopstveni krst i postanemo mirotvorci sa srcem Gospoda koji je žrtvovao Sebe do tačke da je bio razapet, tako da mi možemo da dobijemo Božju veliku ljubav i blagoslove.

Poglavlje 8
Osmi blagoslov

Blago prognanima pravde radi,
jer je njihovo carstvo nebesko

Jevanđelje po Mateju 5:10

*Blago prognanima pravde radi,
jer je njihovo carstvo nebesko.*

„Vjeruj u Isusa Hrista i primi spasenje."

„Ti možeš da dobiješ blagoslove u svim stvarima vjerujući u Svemogućeg Boga."

Često učitelji govore da kada mi vjerujemo u Isusa Hrista, mi možemo da dobijemo spasenje i blagoslove u svim stvarima i možemo da napredujemo u našim životima dobijajući odgovore u svim vrstama životnih problema.

U našoj crkvi mi samo dajemo slavu Bogu sa mnogo svjedočenja svake nedelje.

Međutim, Biblija nam takođe govori da će postojati nevolje i proganjanja kada vjerujemo u Isusa Hrista. Mi ćemo dobiti blagoslov vječnog života i blagoslove na ovoj zemlji do mjere da smo odustali i žrtvovali se zbog Gospoda, ali onda ćemo takođe dobiti i proganjanja (Poslanica Filipljanima 1:29).

Zaista vam kažem, nema nikoga koji je ostavio kuću, ili braću, ili sestre, ili oca, ili majku, ili ženu, ili djecu, ili zemlju, Mene radi i jevanđelja radi, a da neće primiti sad u ovo vijreme sto puta onoliko kuća, i braće, i sestara, i otaca, i majki, i djece, i zemlje, u progonjenju; a na onom svijetu život vječni (Jevanđelje po Marku 10:29-30).

Biti proganjan zbog pravednosti

Šta znači biti proganjan zbog pravednosti? To je progon sa kojim se mi suočavamo kada živimo po riječi Božjoj prateći istinu, dobrotu i svjetlost.

Naravno, mi ne moramo da se suočavamo sa progonima ako se samo kompromitujemo i ne vodimo prikladan hrišćanski život. Ali 2. Timotiju Poslanica 3:12 kaže: „*A i svi koji pobožno hoće da žive u Hristu Isusu, biće gonjeni.*" Ako mi pratimo riječ Božju, mi ćemo se možda suočiti sa poteškoćama ili ćemo osjetiti progon bez razloga.

Na primjer, kada nismo vjerovali u Gospoda, mi smo mogli da pijemo ili smo mogli da koristimo nepristojne riječi pokazujući naše grubo ponašanje. Ali nakon što smo dobili milost Božju, mi smo pokušali da prestanemo da pijemo i da živimo dobrim životom. Tako da, sasvim prirodno ćemo biti skloni tome da se distanciramo od nevjernih kolega ili saradnika. Čak iako se družimo sa njima, oni neće više uživati u istim stvarima sa nama kao ranije, tako da će možda biti razočarani ili će reći nešto protiv našeg ponašanja.

U mom slučaju takođe, prije nego što sam prihvatio Gospoda, ja sam imao mnogo prijatelja koji su se opijali sa mnom. Takođe, kada bi se rodbina okupila isto bi se takođe opijali. Ali nakon što sam prihvatio Gospoda, ja sam razumio na službi preporoda volju Boga koji nam govori da ne budemo pijani i odmah sam prestao da pijem.

Ja nisam služio nikakva alkoholna pića mojoj braći, drugim

rođacima ili prijateljima. Tako da oni su se meni žalili da se nisam prema njima ophodio onako kao ranije što sam činio.

Šta više, nakon što mi prihvatimo Gospoda i održavamo Gospodnji dan svetim, mi nekada nećemo moći da prisustvujemo nekim izletima koji su u sklopu našeg posla ili neka druga druženja. U porodicama koje nisu evangelizovane mi ćemo se možda suočiti sa progonima zato što se ne klanjamo pred idolima.

Zlo mrzi svjetlost

Onda, zašto mi patimo dok vjerujemo u Gospoda? Ovo je isto kao što se voda i ulje ne miješaju. Bog je Svjetlost i oni koji vjeruju u Gospoda i žive u riječi duhovno pripadaju Svjetlosti (1. Jovanova Poslanica 1:5). Ali gospodar ovog svijeta su neprijatelj đavo i Sotona, vladaoci tame (Poslanica Efežanima 6:12).

Prema tome, baš kao što tama nestaje kada nastaje svjetlost, kada broj vjernika koji su svjetlo naraste, vladajuća moć neprijatelja đavola i Sotone će se umanjiti. Neprijatelj đavo i Sotona kontrolišu svjetovne ljude koji im pripadaju. Oni ih podstiču da progone vjernike kako više ne bi bili vjernici.

> *Jer svaki koji zlo čini mrzi na na vidjelo i ne ide k vidjelu da ne pokaraju djela njegova, jer su zla. A ko istinu čini ide k vidjelu, da se vide djela njegova, jer su u Bogu učinjena* (Jevanđelje po Jovanu 3:20-21).

Oni koji imaju dobra srca možda će biti dirnuti i prihvatiće jevanđelje kada vide da drugi žive po riječi Božjoj u pravednosti. Ali oni koji su zli će misliti da su takve stvari glupe. Oni to mrze i progone vjernike zbog toga. Neki pokušavaju da ubijede vjernike svojom logikom. Oni govore: „Zar moraš da budeš takav fanatik? Postoje ljudi koji su odrasli u hrišćanskim porodicama. Neki od njih su vođe ali ipak oni piju." Ali Božja djeca nikada ne treba da čine u nepravednosti koju Bog mrzi samo zato što su osjećanja njihovih kolega, rođaka ili prijatelja malo na trenutak povređena.

Bog je dao Njegovog jednog i jedinog Sina za nas koji smo grješnici. Isus je trpeo sve vrste podsmijeha i progona i na kraju je umro na krstu uzevši naše grijehove. Ako mi mislimo na ovu vrstu ljubavi, mi se nećemo kompromitovati sa svijetom u bilo kojim vrstama progona samo zbog trenutnog ugođaja.

Slučajevi progona zbog pravednosti

U 605. godini prije nove ere, invazija Navuhodonosora Vavilonskog, Sedrah, Misah i Avdenago postali su zarobljenici zajedno sa Danilom. Čak i u stranoj kulturi koja je bila pohotna i prepuna idolopoklonstva, oni su zadržali svoje poštovanje i vjeru u Boga.

Jednog dana, oni su se suočili sa veoma teškom situacijom. Kralj je napravio kip od zlata i natjerao je svaku osobu u zemlji da se pred njim klanja. Ako se neko ne bi povinovao kraljevoj volji, on bi bio bačen u vatrenu peć.

Sedrah, Misah i Avdenago su mogli lako da izbjegnu bilo koju nevolju samo da su se jednom poklonili, ali oni ni jednom to nisu učinili.

To je zato što Izlazak 20:4-5 kaže: „*Ne gradi sebi lik rezani niti kakvu sliku od onog što je gore na nebu, ili dole na zemlji, ili u vodi, ispod zemlje. Nemoj im se klanjati niti im služiti, jer sam Ja GOSPOD Bog tvoj, Bog revnitelj, koji na sinovima pohodim bezakonja otaca njihovih do trećeg i do četvrtog kolena, onih koji mrze na Me.*"

Na kraju, Danilova trojica prijatelja morala su da budu bačena u vatrenu peć. Koliko dirljivo je bilo njihovo svjedočenje u ovom momentu!

Evo, Bog naš, kome mi služimo, može nas izbaviti iz peći ognjene užarene; i izbaviće nas iz tvojih ruku care. A i da ne bi, znaj, care, da bogovima tvojim nećemo služiti niti ćemo se pokloniti zlatnom liku, koji si postavio (Danilo 3:17-18).

Čak i u životno ugroženoj situaciji, oni se nisu kompromitovali već su zadržali svoju vjeru. Bog je vidio njihovu vjeru i spasio ih od vatrene peći.

Biti progonjen zbog sopstvenih mana

Jedna stvar koje treba da se sjetimo ovdje je da postoje mnogo slučajeva kada su proganjani zbog svojih sopstvenih mana radije nego da su proganjani zbog pravednosti kao Danilova trojica prijatelja.

Na primjer, postoje neki vjernici koji ne ispunjavaju svoje zadatke govoreći da čine Božja djela. Ako studenti ne uče i ako domaćica ne brine o domaćinstvu da bi se skoncentrisala na crkvene dužnosti, oni će onda biti proganjani od strane svojih članova porodice. Uzrok progona je da su oni zanemarili svoje studije ili poslove u domaćinstvu. Ali oni su pogrješno razumijeli da su oni u stvari proganjani zato što čine djela Gospoda.

Vjernik možda neće biti mnogo vrijedan na svom radnom mjestu i on pokušava da prebaci svoj posao drugoj osobi dok daje izgovore za crkvena djela. Onda, on će biti upozoren ili prekoren na njegovom radnom mjestu. Ovo nije proganjanje zbog pravednosti.

Tako da 1. Petrova Poslanica 2:19-20 govori: *„Jer je ovo ugodno pred Bogom ako Boga radi podnese ko žalosti, stradajući na pravdi. Jer kakva je hvala ako za krivicu muke trpite? Nego ako dobro čineći muke trpite, ovo je ugodno pred Bogom."*

Blagosloveni su oni koji su proganjani zbog pravednosti

Jevanđelje po Mateju 5:10 kaže: „*Blago prognanima pravde radi, jer je njihovo carstvo nebesko.*" Zašto Biblija govori da su oni blagosloveni? Progoni koje neko dobija zbog zla ili bezakonja ne mogu biti blagoslovi ili nagrade. Ali proganjanje zbog pravednosti je blagoslov jer onaj koji prima takve progone može da posjeduje kraljevstvo nebesko.

Baš kao što zemlja postaje teža posle kiše, nakon prolaska kroz progone, naša srca će biti čvršća i mnogo savršenija. Mi možemo da pronađemo neistinu koje nismo ranije bili svjesni i odbacimo je. Mi možemo da kultivišemo krotkost i mir i ličimo na srce Gospoda da bi voljeli čak i naše neprijatelje.

Ranije, ako smo bili udareni u jedan obraz mi bi se naljutili i uzvratili bi udarac. Ali kroz proganjanja, mi smo počeli da učimo o službi i ljubavi tako da sada možemo čak i da okrenemo drugi obraz.

Takođe, oni koji su nekada bili tužni i žalili se kada su se suočavali sa teškoćama sada mogu da maju čvrstu vjeru kroz progone. Oni sada imaju nadu za nebesko kraljevstvo i oni su zahvalni i radosni u bilo kojoj vrsti situacije.

Dozvolite mi da vam dam pravi primjer iz života. Jedan od članova naše crkve je imao nevolje sa svojim kolegama na poslu skoro u svakoj sitnici. Ta osoba bi ošamarila vjernika bez ikakvog razloga. Njegovim djelima je nedostajala zajednička osjećajnost i ovaj vjernik je morao da pati mnogo zbog toga.

Drugi ljudi su govorili da je on bio dobar čovjek, ali kroz ovu situaciju vjernik je otkrio da je on takođe imao mržnju u svom srcu. On je donio odluku da zagrli svog kolegu u svom srcu jer nam Bog govori da volimo čak i naše neprijatelje. On se prisjetio šta ova osoba voli i povremeno mu je to davao.

Takođe, kako se molio za ovu osobu, on je stekao iskrenu ljubav za njega i njihov odnos je postao bliži i prijateljski od bilo kog radnika u kancelariji.

Tako da, Psalmi 119:71 govore: *„Dobro mi je što stradam, da se naučim naredbama Tvojim."* Kroz takvu patnju mi dovodimo sebe do toga da još više sebe ponizimo. Mi odbacujemo grijehove i zlo oslanjajući se na Gospoda i postajemo posvećeni. Vremenom progoni će svakako nestati.

Ako smo proganjani zbog pravednosti, naša vjera će rasti. Onda, mi ćemo biti poštovani od strane drugih u našoj okolini i takođe ćemo dobiti duhovne i materijalne blagoslove koje će nam Bog dati. Šta više, do mjere da smo ispunili pravednost u nama, mi možemo da napredujemo ka boljim mjestima boravka u nebeskom kraljevstvu. Tako da, koliko je ovo samo veliki blagoslov!

Nebeska mjesta boravka i slave se razlikuju

Onda, koja je razlika između nebesa koji posjeduju oni

siromašnog srca i nebesa koji posjeduju oni koji su proganjani? U stvari postoji velika razlika. Prvobitna su nebesa sa opštim značenjem u koje svako ko je spašen može da ide. Ali ono kasnije ima značenje da ćemo mi ići na bolje mjesto boravka na nebesima do mjere da smo bili proganjani što smo činili dkela u pravednosti. Do mjere da smo ispunili posvjećenost i postali iskreno dijete koje Bog žcli i u skladu sa tim koliko dobro ispunjavamo naše dužnosti, mjesta boravka i nagrade na nebesima će se razlikovati.

Jevanđelje po Jovanu 14:2 govori: *"Mnogi su stanovi u kući Oca mog; a da nije tako, kazao bih vam; idem da vam pripravim mjesto."* Takođe, 1. Poslanica Korinćanima 15:41 kaže: *"Druga je slava suncu, a druga slava mjesecu, i druga slava zvijezdama; jer se zvijezda od zvijezde razlikuje u slavi."* Mi možemo da vidimo da će se mjesto boravka i slava koju ćemo mi imati na nebesima razlikovati u skladu sa tim koju mjeru pravednosti smo mi dostigli.

Siromašni u srcu su oni koji su prihvatili Gospoda i koji su stekli pravo za ulazak u nebesko kraljevstvo. Od tada pa nadalje, oni mogu da postanu krotki i imaju čista srca dok jecaju i dok se kaju u svojim grijehovima da bih odbacili. Oni moraju da nastave u rastu u svojoj vjeri prateći stalno pravednost.

Naime, samo oni koji shvataju svoju zlobu, odbace je i postanu posvećeni kroz progone i iskušenja mogu da uđu na bolje mjesto na nebesima i takođe vide Boga Oca.

Progoni zbog Gospoda

Do mjere da smo ispunili pravednost, progoni će nestati. Kako naša vjera raste i kako postajemo sve više i više savršeniji, mi ćemo biti poštovani od ljudi u našoj okolini. Šta više, mi možemo takođe da dobijemo duhovne i materijalne blagoslove od Boga.

Mi možemo ovo da vidimo u slučaju trojice prijatelja Danilovih. Oni su bili proganjani jer su zadržali svoju pravednost za Boga. Oni su bili bačeni u vatrenu peć koja je bila sedam puta vrelija nego ranije ali ih je Bog zaštitio. Ni jedna dlaka sa njihove glave nije otpala. Vidjevši ovo djelo Božje, kralj je takođe dao slavu Svemogućem Bogu. On je takođe uzdigao ovu trojicu.

Ali to ne znači da će svi progoni nestati samo zato što smo ispunili pravednost u potpunosti praktikujući riječ Božju. Postoje takođe proganjanja za radnike Gospodove kroz koje on moraju da prođu zbog kraljevstva Božjeg.

Blago vama ako vas uzasramote i usprogone i kažu na vas svakojake rđave riječi lažući, Mene radi. Radujte se i veselite se, jer je velika plata vaša na Nebesima, jer su tako progonili proroke prije vas (Jevanđelje po Mateju 5:11-12).

Mnogi očevi vjere su samovoljno preuzeli patnju da bi ispunili volju Božju. Prije svega, Isus je postojao po obliku Božjem. On je bezgriješan i bez mrlja ali On je uzeo kaznu za griješnike. Kako bi ispunio proviđenje spasenja, On je bio šiban i razapet u sredini svih vrsta podsmijeha i prezira.

Apostol Pavle

Hajde da razmotrimo slučaj apostola Pavla. Pavle je postavio temelj svjetske misije u propovjedanju jevanđelja nejevrejima. Kroz njegova tri misionarska puta on je osnovao mnoge crkve. Ovo nije bilo ni malo lako. Mi možemo da vidimo koliko je bilo teško u njegovom svjedočenju.

Jesu li sluge Hristove? Ne govorim po mudrosti ja sam još više; više sam se trudio, više sam boja podnio, više puta sam bio u tamnici, mnogo puta sam dolazio do straha smrtnog. Od Jevreja primio sam pet puta četrdeset manje jedan udarac. Tri puta je bio tučen sa bičem, jednom je bio kamenovan, tri puta je bio nasukan, noć i dan je provodio u ponoru. U trudu i poslu, u mnogom nespavanju, u gladovanju i žeđi, u mnogom pošćenju, u zimi i golotinji (2. Korinćanima Poslanica 11:23-27).

Postojali su čak i ljudi koji su obećali da neće ništa jesti sve dok nisu ubili Pavla. Mi možemo da zamislimo koliko je bila velika patnja kroz koju je on prolazio (Djela Apostolska 23:12).

Ali bez obzira na situaciju progona, apostol Pavle je uvijek bio radostan zato što je imao nadu za nebeskim kraljevstvom. On je bio vjeran do tačke prolivanja krvi za kraljevstvo nebesko i pravednost Božju, ne štedeći ni čak svoj život (2. Timotijeva Poslanica 4:7-8).

Nije da ljudi Božji pate zato što nemaju moć. Kada je Isus bio na krstu, da je On samo želio, On je mogao da dozove više od 12 legija anđela i da uništi tamo sve one zle (Jevanđelje po Mateju 26:53). Ali Mojsije i apostol Pavle su imali tako veliku moć da su ih čak i ljudi smatrali bogovima (Izlazak 7:1; Djela Apostolska 14:8-11). Kada su ljudi uzeli maramice ili kecelje Pavla koje su dodirivale bolesne, bolesti su ih napuštale i demoni su bili istjerani iz njih (Djela Apostolska 19:12).

Ali zato što su oni znali da će se Božje proviđenje još više ispuniti kroz njihovu patnju, oni nisu pokušali da izbjegnu ili da pobjegnu od patnji već su je prihvatili sa radošću. Oni su propovjedali volju Božju sa vatrenom strašću i činili su ono što im je Bog zapovjedio.

Velika nagrada kada se mi radujemo i kada nam je drago

Razlog zašto mi možemo da se radujemo i zašto nam je drago kada smo proganjani zbog imena Gospoda je zato što će velika volja biti nagrada u nebeskom kraljevstvu (Jevanđelje po Mateju 5:11-12).

Među odanim ministrima u ranijim danima, postojali su neko koji su bili voljni da daju svoj život za kralja. Kralj bi dodavao još veću slavu i čast zbog njihove lojalnosti. Kada bi ministar umro, kralj je davao nagrade njegovoj djeci.

Kao što je rečeno u Jevanđelju po Jovanu 15:13: „*Od ove ljubavi niko veće nema, da ko dušu svoju položi za prijatelje svoje,*" oni su dokazali svoju ljubav prema kralju žrtvujući svoje živote.

Ako smo proganjani i ako smo čak i dali svoj život za Gospoda, kako bi Bog, koji je vladaoc svih stvari, samo ostavio stvari takve kakve jesu? On će izliti na nama nezamislive nebeske blagoslove.

On će nam dati bolja mjesta boravka u nebeskom kraljevstvu. Oni koji su mučeni zbog Gospoda biće prepoznati zbog svojih srca koja vole Gospoda. Oni će ući bar u Treće kraljevstvo ili čak u Novi Jerusalim.

Čak iako mi nismo u potpunosti posvećeni, ako mi možemo da žrtvujemo naše živote da bi postali mučenici to znači, da mi možemo u potpunosti postati posvećeni kako nam je dato više vremena.

Apostol Pavle je toliko mnogo patio i čak je i dao svoj život za Gospoda. On je mogao da komunicira sa Bogom jasno i iskusi mnoge nebeske duhovne stvari. Pošto je on vidio Raj, on je priznao: „*Jer mislim da stradanja sadašnjeg vremena nisu ništa prema slavi koja će nam se javiti*" (Poslanica Rimljanima 8:18).

On je takođe svjedočio u 2. Timotiju Poslanici 4:7-8: „*Dobar rat ratovah, trku svrših, vjeru održah; dalje, dakle, meni je pripravljen vijenac pravde, koji će mi dati Gospod u dan onaj, pravedni sudija.*"

Bog ne zaboravlja predanost i trud onih koji su proganjani i koji su čak i postali mučenici zbog Gospoda. On uzvraća takvoj žrtvi sa čašću koja preliva i nagradama. Kao što je apostol Pavle posvjedočio, postojaće nevjerovatne nagrade i slava koja čeka.

Čak iako mi čak i ne gubimo naš fizički život, sve stvari koje mi činimo za Gospoda sa srcem mučenika i sva proganjanja kroz koja prolazimo zbog Gospoda će nam biti uzvraćene kao nagrade i blagoslovi.

Takođe, onima koji se raduju i kojima je drago iako su proganjani zbog Gospoda, Bog će odgovoriti na želje u njihovim srcima i ispuniće njihove potrebe da bi pokazao dokaz da je Bog sa njima. Do mjere da oni prevazilaze nevolje, njihova vjera će biti veća; onda će oni dobiti veću moć i vlast, komuniciraće sa Bogom mnogo jasnije i moći će da manifestuju velika djela Božje moći.

Ali ustvari, za one koji su žrtvovali svoje živote za Gospoda neće mariti ako ne dobiju ništa zauzvrat na ovoj zemlji. Oni mogu da se raduju čak i više jer ništa ne može da se uporedi sa nebeskim blagoslovima i nagradama koje će kasnije dobiti.

Blagoslovi za one koji učestvuju u stradanju Gospoda

Mi treba da se sjetimo još jedne stvari. Kada čovjek Božji pati zbog Gospoda, oni koji su sa njim će takođe dobiti blagoslove. Kada je David bio proganjan zbog svojih grijehova od strane svog sina Absalona, oni koji su bili iskreni znali su da je David bio Božji čovek. Čak iako su njihovi životi bili ugroženi oni su opet ostali sa njim. Na kraju, kada je opet David dobio milost Božju, oni su takođe zajedno sa njim mogli da dobiju milost.

Ovo je volja samo Boga da kada ljudi Božju pate zbog imena Gospoda, oni koji ostaju sa njim sa iskrenim srcem će takođe biti učesnici u njegovoj slavi kasnije. Isus je takođe rekao Njegovim učenicima o nebeskim nagradama koje će dobiti da bi im dao više nade.

A vi ste oni koji ste se održali sa Mnom u Mojim napastima; I ja ostavljam vama carstvo kao što je Otac Moj Meni ostavio, da jedete i pijete za trpezom Mojom u carstvu Mom, i da sjedite na prijestolima i sudite nad dvanaest koljena Izrailjevih (Jevanđelje po Luki 22:28-30).

Naša crkva i ja smo morali da prođemo kroz mnogo progona u ispunjavanju Božjeg kraljevstva. Zato što smo mi znali da je to volja Božja, mi smo propovjedali o dubokim duhovnim stvarima, znajući da će to takođe uzrokovati nama progone.

Prolazeći kroz mnoge nevolje koje čovjek ne može zaista da izdrži, mi smo ostavili sve u Božjim rukama samo sa molitvom i postom. Onda, Bog nam daje veću moć kao dokaz da je On sa nama. On nam dozvoljava da manifestujemo tako mnogo znakova i čuda. Nisu samo brojne bolesti bile iscjeljene već takođe i slabosti kao što su dječija paraliza, slepost, gluhoća ili dijelovi tijela koji su bili slabi još od rođenja su postali dobro.

Šta više, mi smo mogli da povedemo na stotine, hiljade i čak i milione ljudi na stranu Gospoda kroz pohode u mnogim zemljama. Jedan od ovih pohoda je privuklo pažnju cijelog svijeta kao što je bilo prenošeno od strane CNN-a.

U 2005. godini Globalna hrišćanska TV mreža (GCN) je bila osnovana i počela je sa 24-časovnim emitovanjem u Njujorku (New York) i Nju Džersiju (New Jersey). U samo 1 godini od osnivanja, Bog je blagoslovio na taj način da je svako mogao da gleda na svietu putem satelita.

Naročito, u pohodu u Njujorku održanom u julu 2006. godine na Medison Skver Gardenu (Madison Square Garden) u Njujorku, pohod je emitovan u više od 200 zemalja širom zemaljske kugle kroz različite hrišćanske mreže kao što su GCN, Cosmovision, GloryStar Network, and Daystar TV.

Iza ove vrste slave bile su molitve sa suzama od strane članova crkve. Većina članova crkve održala je crkvu sa molitvama i postom kada je crkva bila u teškoj situaciji.

Oni koji su učestvovali u patnji sa Gospodom imaju preobilnu nadu za nebeskim kraljevstvom. Oni su odrasli i imaju smjelu i duhovnu vjeru. Sve ove stvari su im bile uzvraćene kao blagoslovi. Njihove porodice, radna mjesta i poslovi su bili blagosloveni. Oni su dali slavu Bogu sa svojim mnogim svjedočenjima.

Prema tome, oni koji prate iskren blagoslov mogu da se raduju i biće im drago iz dubine njihovih srca kada su proganjani zbog Gospoda. To je zato što će se oni radovati vječnom blagoslovu koje će dobiti u nebeskom kraljevstvu.

Onaj koji teži istinskom blagoslovu

Blagoslov po Božjem pogledu se razlikuje od blagoslova za koga svjetovni ljudi misle da je blagoslov.

Većina ljudi misli da je blagoslov biti bogat. Ali, Bog govori da je blagosloven siromašan u srcu. Ljudi misle da kada si srećan to je blagoslov. Ali, Bog govori da su oni koji oplakuju blagosloveni. Bog govori da su oni koji su gladni i žedni za pravednošću i koji su krotki, blagosloveni.

Blaženstvo sadrži blagoslovene i prave puteve u posjedovanju kraljevstva nebeskog sa srcem koje je siromašno i kole liči na Boga kroz progone.

Prema tome, ako se mi samo povinujemo riječi, mi ćemo moći da odbacimo sve oblike zla i ispunimo naša srca sa istinom. Mi ćemo moći da u potpunosti povratimo krotak i svet lik Boga i biti ugodni Bogu. Ovo je put gdje možemo da postanemo čovjek od vjere i čovjek od cijelog duha.

Ovakva vrsta osobe je kao drvo posađeno uz vodu. Drveća posađena uz vodu su obezbeđena sa obilnom svježom vodom. Čak i u sušnim i vrelim danima, mi ćemo imati zeleno lišće i braćemo obilne plodove (Jeremija 17:7-8). Vjernici koji žive po riječi Božjoj iz koga svi blagoslovi teku, neće imati čega da se plaše čak i u nevoljama. Oni će uvijek osjetiti ruke Božje ljubavi i blagoslove.

Prema tome, ja se molim u ime Gospoda da ćete se vi radovati slavi koja će vama biti otkrivena i da ćete kultivisati Blaženstvo u vama. Ja se molim da ćete moći da uživate u iskrenim blagoslovima koje vam Bog Otac daje do najvišeg stepena, kako na zemlji tako i na nebesima.

„*Blago čovjeku*
koji ne ide
na veće bezbožničko,
i na putu griješničkom ne stoji,
i u društvu nevaljalih ljudi ne sjedi!
Nego mu je omileo zakon GOSPODNJI,
i o zakonu Njegovom misli dan i noć.

On je kao drvo usađeno
kraj potoka,
koje rod svoj donosi u svoje vrijeme,
i kome list ne vene;
šta god radi,
u svemu napreduje."
(Psalmi 1:1-3)

Autor:
Dr. Džerok Li (Jaerock Lee)

Dr. Džerok Li je rođen u Muanu, Džeonam provinciji, Republika Koreja, 1943. godine. U svojim dvadesetim, Dr. Li je sedam godina patio od mnoštva neizlječivih bolesti i iščekivao smrt bez nade za oporavak. Jednog dana u proleće 1974. god, njegova sestra ga je odvela u crkvu i kad je kleknuo da se pomoli, Živi Bog ga je momentalno izliječio od svih bolesti.

Od trenutka kad je Dr. Li sreo živog Boga kroz to divno iskustvo, on je zavolio Boga svim svojim srcem i iskrenošću, a u 1978. god., je pozvan da bude sluga Božji. Molio se revnosno uz nebrojene molitve u postu kako bi mogao jasno da razumije volju Božju, u potpunosti je ispuni i posluša Riječ Božju. Godine1982. je osnovao Manmin centralnu crkvu u Seulu, Koreja, i bezbrojna djela Božja uključujući čudesna isceljenja, znaci i čuda se ot tada dešavaju u njegovoj crkvi.

U 1986. god. Dr. Li je zaređen za pastora na godišnjem Zasedanju Isusove Sungkjul crkve Koreje, i četiri godine kasnije u 1990.god. njegove propovjedi su počele da se emituju u Australiji, Rusiji i na Filipinima. U kratkom vremenskom periodu i mnogim drugim zemljama je bio dostupan preko Radio difuzne kompanije Daleki Istok, Azija radio difuzne kompanije i Vašingtonskog hrišćanskog radio sistema.

Tri godine kasnije, 1993.god., Manmin centralna crkva je izabrana za jednu od „Svetskih top 50 crkava" od strane magazina Hrišćanski svijet (Christian World) a on je primio počasni doktorat bogoslovlja od Koledža hrišćanske vjere, Florida, SAD, i 1996.god. Doktorat iz Službe od Kingsvej teološke bogoslovije, Ajova, SAD.

Od 1993.god., dr. Li prednjači u svjetskoj evangelizaciji kroz mnogo inostranih pohoda u Tanzaniji, Argentini, Los Anđelesu, Baltimoru, Havajima i Nju Jorku u Sjedinjenim Američkim Državama, Ugandi, Japanu, Pakistanu, Keniji, Filipinima, Hondurasu, Indiji, Rusiji, Njemačkoj, Peruu, Demokratskoj Republici Kongo, Izraelu i Estoniji.

U 2002. godini bio je priznat kao „svjetski obnovitelj" zbog njegovih snažnih svješteničkih službi u mnogim prekomorskim pohodima od strane hrišćanskih novina u Koreji. Izvanredan je bio njegov „Njujorški pohod 2006. god" održan u Medison skver gardenu, najpoznatijoj svjetskoj areni. Događaj je prenosilo 220 nacija a na njegovom „Pohodu ujedinjeni Izrael 2009. god." održanom u Međunarodnom kongresnom centru (ICC) u Jerusalimu on je hrabro oglasio da je Isus Hrist Mesija i Spasitelj.

Njegove propovijedi emitovane su za 176 nacija putem satelita uključujući GCN TV i bio je svrstan kao jedan od „Top 10 najuticajnijih hrišćanskih vođa" 2009-e i 2010-e godine od strane popularnog Ruskog hrišćanskog časopisa *U Pobjedu (In Victory)* i novinske agencije *Hrišćanski Telegraf (Christian Telegraph)* za njegovu moćnu svješteničku službu TV emitovanja i njegove inostrane crkveno pastorske službe.

Od Mart 2018.god., Manmin Centralna Crkva ima zajednicu od preko 130.000 članova. Postoji 11 000 ogranaka crkve širom planete uključujući 56 domaćih ogranaka crkve i do sad više od 102 misionara su opunomoćena u 23 zemlje, uključujući Sjedinjene Države, Rusiju, Njemačku, Kanadu, Japan, Kinu, Francusku, Indiju, Keniju i mnoge druge.

Do datuma ovog izdanja Dr. Li je napisao 111 knjige, uključujući bestselere: *Probanje Vječnog Života Prije Smrti, Moj Život, Moja Vjera I i II, Poruka sa Krsta, Mjera Vjere, Raj I & II, Pakao,* i *Moć Božja.* Njegove knjige su prevedene na više od 76 jezika.

Njegove Hrišćanski rubrike se pojavljuju u *Hankok Ilbo, JongAng dnevniku, Dong-A Ilbo, Hankyoreh Shinmun, Seul Šinmunu, Kjunghjang Šinmun, Korejski Ekonomski Dnevnik, Koreja Glasnik, Šisa Vijesti,* i *Hrišćanskoj Štampi.*

Dr. Li je trenutno na čelu mnogih misionarskih organizacija i udruženja U tu poziciju spadaju: Predsjedavajući, Ujedinjene svete crkve Isusa Hrista; stalni predsjednik, Udruženje svijetske hrišćanske preporodne službe; osnivač i predsjednik odbora, Globalna hrišćanska mreža (GCN); osnivač i član odbora, Mreža svjetskih hrišćanskih lekara (WCDN); i osnivač i član odbora, Manmin internacionalna bogoslovija (MIS).

Druge značajne knjige istog autora

Raj I & II

Detaljna skica predivne životne okoline u kojoj rajski stanovnici uživaju i preljepi opisi različitih nivoa nebeskih kraljevstva.

Poruka sa Krsta

Moćna probuđujuća poruka za sve ljude koji su duhovno uspavani! U ovoj knjizi naći ćete razlog da je Isus jedini Spasitelj i iskrenu ljubav Božju.

Pakao

Iskrena poruka cijelom čovječanstvu od Boga, koji želi da čak ni jedna duša ne padne u dubine Pakla! Otkrićete nikad do sad otkriveni iskaz o okrutnoj stvarnosti Nižeg Hada i Pakla.

Duh, Duša i Tijelo I & II

Vodič koji nam daje duhovno objašnjenje duha, duše i tijela i pomaže nam da pronađemo kakvog „sebe" smo mi načinili da bi mogli da dobijemo moć da pobjedimo mrak i postanemo duhovna osoba.

Mjera Vjere

Kakvo mjesto stanovanja, kruna i nagrade su spremne za vas u Raju? Ova knjiga obezbjeđuje mudrost i smjernice za vas da izmjerite vašu vjeru i gajite najbolju i najzreliju vjeru.

Probuđeni Izrael

Zašto Bog upire Svoje oči na Izrael od početka svijeta pa do današnjeg dana? Kakvo Njegovo proviđenje je spremljeno za Izrael u poslijednjim danima, koji očekuje Mesiju?

Moj život, Moja Vjera I & II

Najmirisnija duhovna aroma izvučena iz života koji je cvjetao sa neuporedivom ljubavlju za Boga, u sred crnih talasa, hladnih okova i najdubljeg očaja

Moć Božja

Obavezno-pročitati, koja služi kao suštinski vodič po kojem čovjek može posjedovati pravu vjeru i iskusiti čudesnu moć Božju.

www.urimbooks.com

www.ingramcontent.com/pod-product-compliance
Lightning Source LLC
LaVergne TN
LVHW092047060526
838201LV00047B/1275